昆明调查年鉴

Kunming Survey Yearbook

国家统计局昆明调查队　编

2022

中国统计出版社
China Statistics Press

图书在版编目（CIP）数据

昆明调查年鉴. 2022 / 国家统计局昆明调查队编
. -- 北京 : 中国统计出版社, 2022.7
ISBN 978-7-5037-9852-8

Ⅰ. ①昆… Ⅱ. ①国… Ⅲ. ①统计资料－昆明－2022－年鉴 Ⅳ. ①C832.741-54

中国版本图书馆 CIP 数据核字（2022）第 120671 号

昆明调查年鉴 2022

作　　者 / 国家统计局昆明调查队
责任编辑 / 李　冲
执行编辑 / 张　怡
封面设计 / 李雪燕
出版发行 / 中国统计出版社有限公司
通信地址 / 北京市丰台区西三环南路甲 6 号　邮政编码 /100073
电　　话 / 邮购（010）63376909　书店（010）68783171
网　　址 / http://www.zgtjcbs.com/
印　　刷 / 河北鑫兆源印刷有限公司
经　　销 / 新华书店
开　　本 / 880mm×1230mm　1/16
字　　数 / 192 千字
印　　张 / 8　0.5 彩页
版　　别 / 2022 年 7 月第 1 版
版　　次 / 2022 年 7 月第 1 次印刷
定　　价 / 260.00 元

本书附同版本 CD-ROM 一张，光盘内容以书面文字为准。
如有印装差错，由本社发行部调换。

2014-2021年昆明市城镇居民人均可支配收入（人/元）

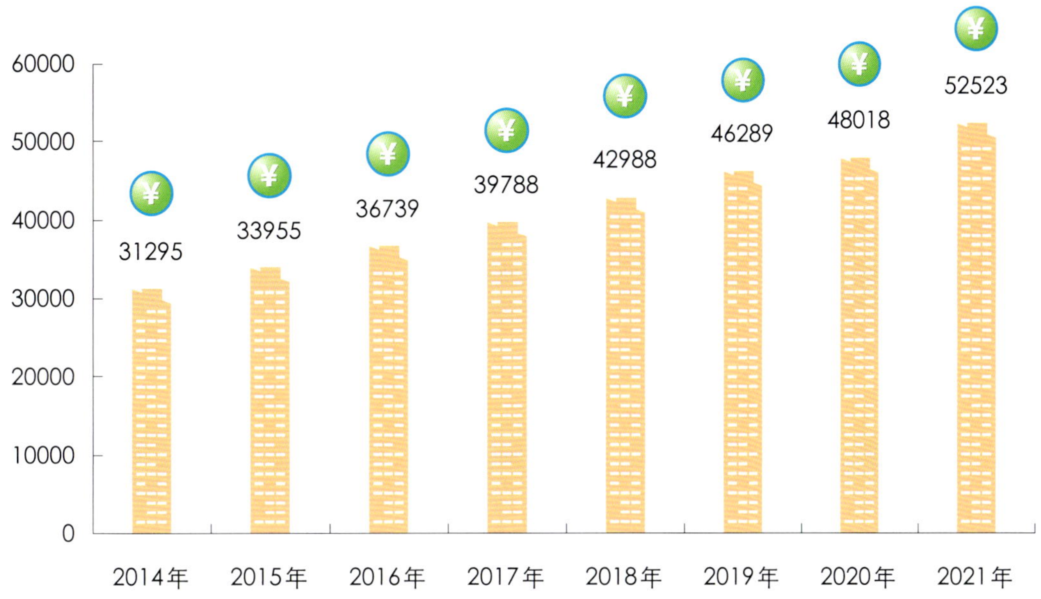

2014-2021年昆明市城镇居民人均消费支出（人/元）

2014-2021年昆明市农村居民人均可支配收入（人/元）

2014-2021年昆明市农村居民人均消费支出（人/元）

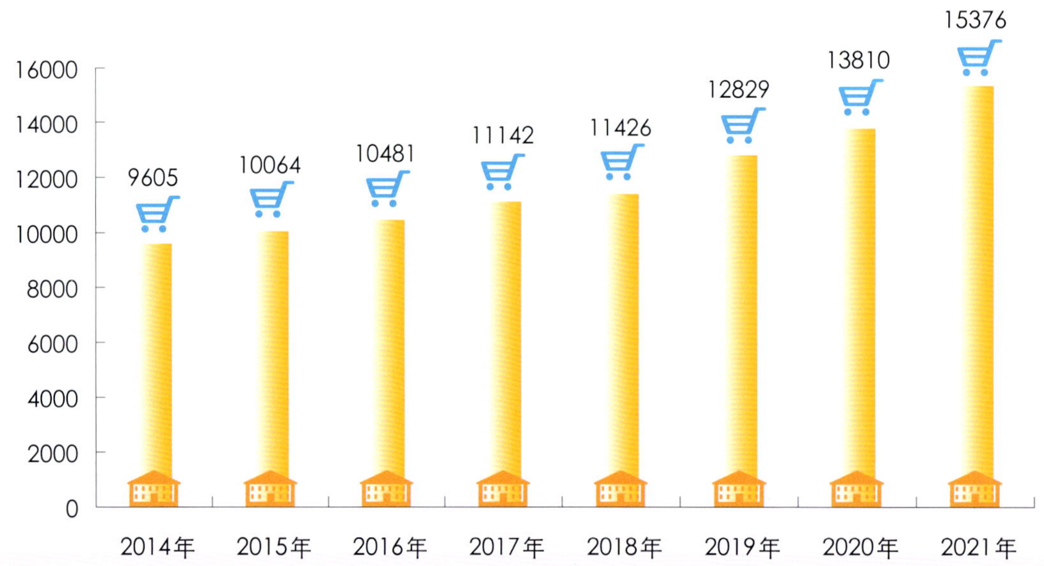

昆明市 2014-2021 年居民消费与商品零售价格指数（以上年价格为 100）

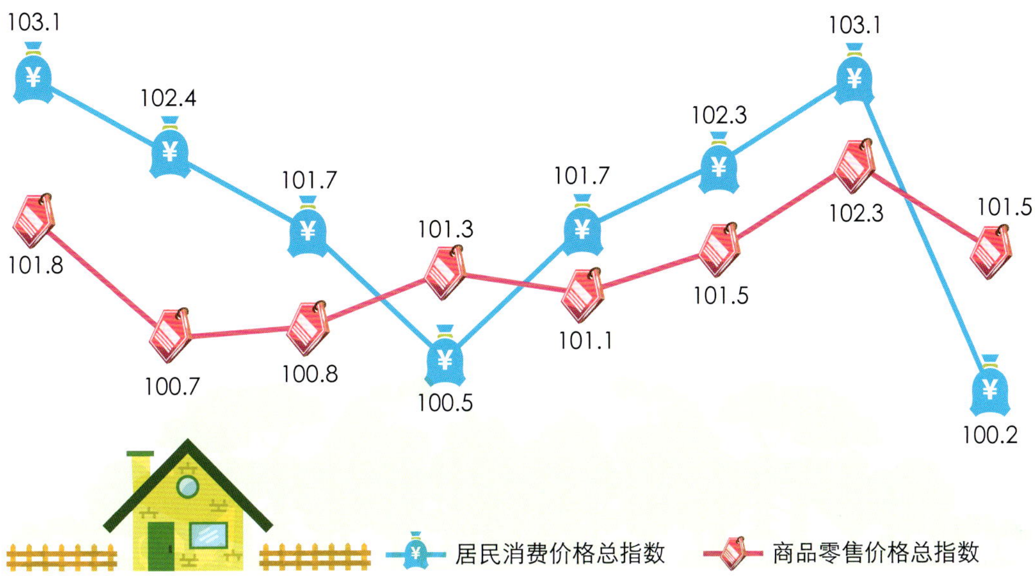

昆明市 2014—2021 年粮食作物播种面积（公顷）

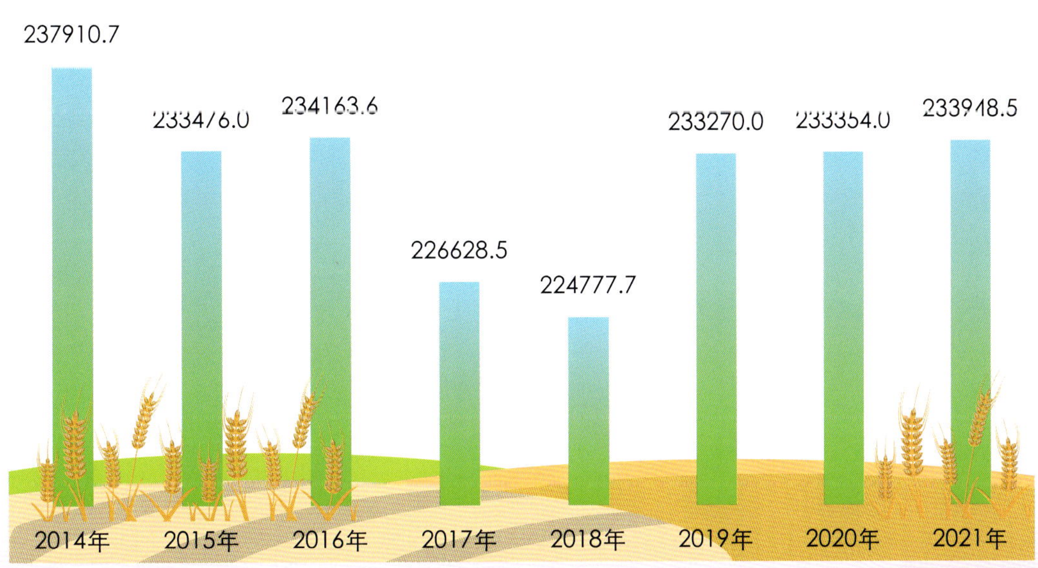

昆明市 2014—2021 年粮食作物产量（吨）

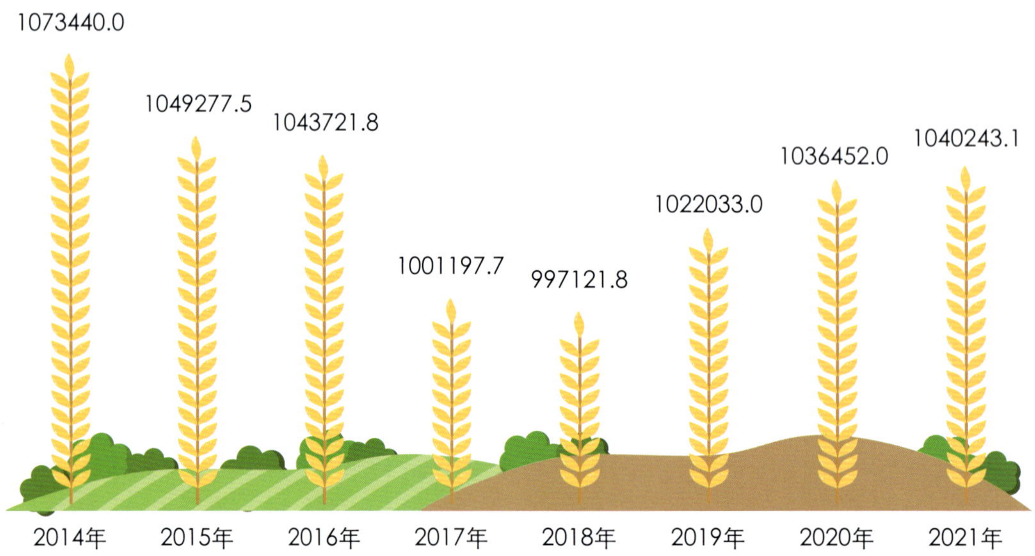

昆明市 2014—2021 年生猪出栏数（万头）

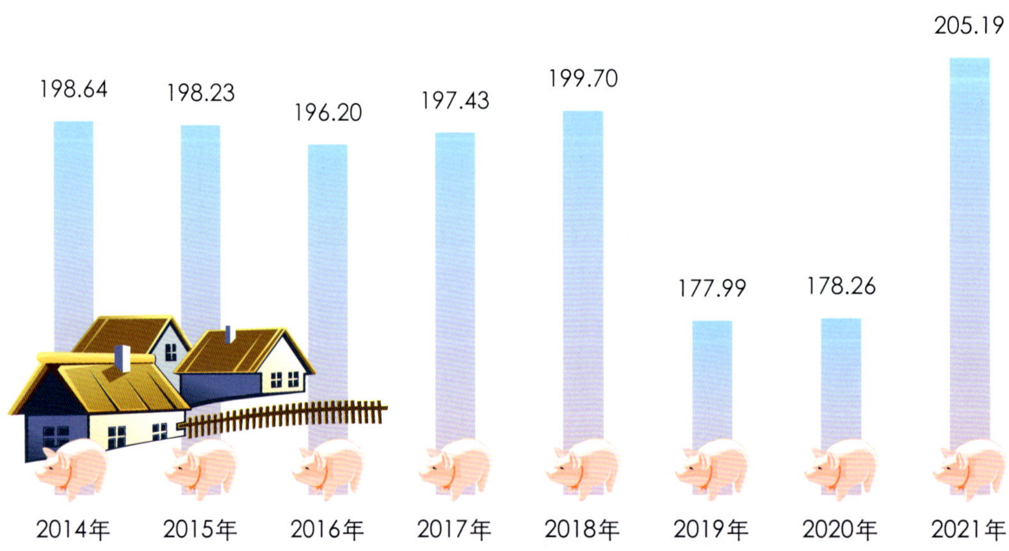

《昆明调查年鉴 2022》
编委会和编辑人员

编者说明

国家统计局昆明调查队是2007年根据《国务院办公厅关于印发国家统计局直属调查队管理体制改革方案的通知》和《国家统计局关于云南地区国家统计局市县调查队组建方案的批复》要求成立的国家统计局派出机构，由国家统计局云南调查总队管理。国家统计局昆明调查队既是政府统计调查机构，也是统计执法机构，依法独立行使统计调查、统计监督的职权，独立向国家统计局和云南调查总队上报调查结果，并对上报的调查资料的真实性负责，同时，承担地方政府委托的各项统计调查任务。

国家统计局昆明调查队承担着昆明市城镇居民和农村居民家庭收支调查,农村贫困监测,农民工监测，种植业及畜牧业等农业生产情况调查，生产、流通、消费、投资等价格调查，制造业和非制造业采购经理调查，月度劳动力调查以及一系列涉及国策社情民意的经济社会重大问题专项调查，如组织工作满意度、文明城市测评、党风廉政建设和经济领域突发事件快速反应等调查。

国家统计局昆明调查队自成立以来一直秉承“不出假数、真实可信”的调查理念，严格执行国家调查方案，积极创新调查方式，夯实基层基础数据质量。《昆明调查年鉴2022》，记载昆明市城乡居民收入、生活消费支出、居民消费价格、工农产品生产价格、农业调查等各项调查数据，内容分四个部分，分别是住户调查，价格调查，农业调查，附录。为了方便读者使用，我们还附有调查简要说明与主要指标解释，资料中所使用的度量衡单位均采用国际统一标准的计量单位。“空格”表示没有、不详或不掌握该项数据。

感谢昆明市统计局提供的2008年至2012年农村住户调查数据和粮食，主要畜禽生产情况数据。同时，对参与此项工作的同志付出的辛勤努力表示衷心感谢！
为不断改进和提高本年鉴质量，更好地满足社会各界的需要，希望广大读者提出宝贵的意见。本年鉴如有差错之处，欢迎读者批评指正。

目　　录

第一部分　住户调查

第二部分　价格调查

第三部分　农业调查

第四部分　附　　录

一 住户调查

简要说明

一、本篇资料的主要内容

本篇资料反映昆明市城乡居民收入、消费及其他生活状况等主要经济指标。

二、居民生活状况资料来源

住户收支与生活状况调查的数据是以住户为单位，在常住地参加调查。调查内容主要包括居民现金和实物收支情况、住户成员及劳动力从业情况、居民家庭食品和能源消费情况、住房和耐用消费品拥有情况、家庭经营和生产投资情况、社区基本情况以及其他民生状况等。

三、调查组织

从 2013 年起，住户调查由两部分组成。一是分省住户调查，以省为总体进行抽样，主要目的是准确反映全国及分省居民收支水平、结构、增长速度，收入分配格局以及政策对居民生活状况的影响。二是分市县住户调查，以市、县为总体进行抽样，主要目的是准确反映分市县居民收支水平和增长速度，满足政府对市县管理的需要。 国家统计局统一领导住户调查，负责制定调查方案，组织调查实施，监督调查过程，审核、处理、汇总调查数据，发布全国和分省城乡居民收入、消费和生活状况数据。国家统计局各调查总队按照国家调查方案规定，负责组织分省住户调查工作，牵头并会同各省级统计局组织分市县住户调查。分市县住户调查具体实施方案必须按照《国家统计局关于加强和改进分市县住户调查工作的通知》和国家调查方案的要求，由各调查总队会同省级统计局制定后上报国家统计局审批。各级统计调查部门应按照方案规定，认真组织实施调查，确保调查数据质量。

四、城乡一体化住户调查概况

为满足政府统筹城乡发展、改善收入分配格局、让全体居民共享发展成果等战略需要，国家统计局对城乡住户调查进行了一体化改革，统一了城镇和农村居民收入和支出调查的分类标准、指标名称与口径，并按照统一的抽样方法和程序，在我市抽选了城乡居民家庭，从 2012 年四季度起正式开展城乡一体化的住户收支与生活状况调查。

至 2013 年底，按照国家新制度规定，昆明调查队收集了调查户 12 个月的记账数据，并于 2014 年 1 月底根据全国统一的计算要求，初步汇总计算出 2013 年城乡可比的全市居民可支配收入，经云南省评估认定后，得到最终的全市居民人均可支配收入。

启用城乡可比的居民可支配收入，一方面可以更加准确地反映全体居民收入分配全貌，为国家制定统筹城乡发展和调整收入分配格局政策提供全面可靠的信息；另一方面，也可以用统一标准监测城乡居民收入增长和差距变化，更加准确地反映不同群体居民对经济发展成果的分享情况；同时，也填补了我国缺少全体居民收入数据的空白。

五、变动情况

城乡住户调查一体化改革后，新口径的城乡居民收入与老口径的城乡居民收入主要有四点不同：一是指标名称不同，新口径的农村居民收入是农村居民人均可支配收入，老口径是农民人均纯收入，城镇居民不变；二是抽样方法不同，新口径是城乡统一抽样，老口径是城乡各自抽样，同时，具体的抽样过程也有较大差异；三是调查范围不同，新口径是区域内的所有常住居民户，不包括外籍住户，老口径由于城乡分别抽样，调查范围互有重合和遗漏的区域；四是指标口径不同，主要的区别是新口径的城乡居民可支配收入包括实物收入和自有住房折算净租金，老口径城镇居民可支配收入不包括实物收入部分，老口径农民纯收入不包括自有住房折算净租金，另外，收入分项指标的口径也有一些变动。

六、报表说明

2014 年起，国家统计局住户调查专业统一使用新的指标体系。根据城乡划分标准，城镇为 U+UR，农村为 R。U 代表城镇居委会住户，UR 代表城镇村委会住户，R 代表农村村委会住户。

1-1 昆明市城乡常住居民收支与生活状况调查人口和就业情况(2021年)

指标名称	单位	城镇住户(U+UR)	农村住户(R)
一、常住成员情况			
(一)年龄			
1.5岁及以下	%	5.99	5.60
2.6-15岁	%	10.58	14.11
3.16-19岁	%	4.28	6.39
4.20-24岁	%	2.58	4.91
5.25-29岁	%	5.91	4.67
6.30-34岁	%	7.50	4.88
7.35-40岁	%	12.19	7.74
8.41-50岁	%	20.37	18.93
9.51-60岁	%	14.53	21.61
10.61-65岁	%	5.58	3.46
11.66岁及以上	%	10.49	7.69
(二)参加医疗保险情况			
1.新型农村合作医疗	%	7.07	36.97
2.城镇职工基本医疗保险	%	42.74	4.04
3.城乡居民基本医疗保险	%	47.54	57.42
4.公费医疗	%		
5.商业医疗保险	%	4.00	0.26
6.其他医疗保险	%	0.20	0.10
7.没有参加任何医疗保险	%	1.96	1.55
(三)6周岁及以上住户成员受教育程度			
1.未上过学	%	2.36	5.19
2.小学	%	11.88	34.57
3.初中	%	21.97	38.00
4.高中	%	22.56	12.13
5.大学专科	%	19.20	7.22
6.大学本科	%	20.63	2.70
7.研究生	%	1.40	0.18
(四)15周岁及以上住户成员婚姻状况			
1.未婚	%	14.72	16.64
2.有配偶	%	78.72	78.89
3.离婚	%	3.21	0.77
4.丧偶	%	3.35	3.70
二、常住从业人员情况(16周岁及以上非在校从业者)			
(一)本季度就业类型			
1.雇主	%	3.15	1.06
2.公职人员	%	3.49	0.05
3.事业单位人员	%	11.32	0.27
4.国有企业雇员	%	9.43	0.04
5.其他雇员	%	60.95	39.29
6.农业自营	%	5.32	53.70
7.非农自营	%	6.33	5.61

1-1 续表

指 标 名 称	单位	城镇住户(U+UR)	农村住户(R)
(二)本季度从事主要行业			
1.第一产业	%	6.07	59.85
2.第二产业	%	14.25	13.15
(1)采矿业	%	8.14	2.79
(2)制造业	%	17.22	29.13
(3)电力、热力、燃气及水生产供应业	%	5.94	1.76
(4)建筑业	%	68.70	66.32
3.第三产业	%	79.67	26.99
(1)批发和零售业	%	13.80	14.25
(2)交通运输、仓储和邮政业	%	7.00	14.95
(3)住宿和餐饮业	%	5.28	13.95
(4)信息传输、软件业和信息技术服务业	%	1.24	1.19
(5)金融业	%	5.83	0.51
(6)房地产业	%	3.13	1.77
(7)租赁和商务服务业	%	2.52	0.94
(8)科学研究和技术服务业	%	0.02	0.00
(9)水利、环境和公共设施管理业	%	2.34	1.43
(10)居民服务、修理和其他服务业	%	24.96	22.69
(11)教育	%	5.03	2.12
(12)卫生和社会工作	%	9.56	10.28
(13)文化、体育和娱乐业	%	1.74	1.02
(14)公共管理、社会保障和社会组织	%	17.53	14.90
(15)国际组织	%	0.00	0.00
(三)本季度从事主要职业			
1.党和国家机关、群团和社会组织、企事业负责人	%	6.00	1.19
2.专业技术人员	%	16.62	5.55
3.办事人员和有关人员	%	41.72	7.37
4.社会生产服务和生活服务人员	%	24.97	17.30
5.农、林、牧、渔业生产及辅助人员	%	6.62	60.56
6.生产制造及有关人员	%	1.78	5.05
7.军人	%	0.00	0.00
8.不便分类的其他从业人员	%	2.29	2.99

注：该表所示比重均为各行业占本季度从事行业总体的比重。

1-2 昆明市城乡常住居民收支情况(2021年)

指标名称	单位	城镇住户(U+UR)	农村住户(R)
收入支出主要指标			
一、可支配收入	**元**	**52523**	**19507**
(一)工资性收入	元	30146	9895
(二)经营净收入	元	3706	7001
(三)财产净收入	元	9197	1294
(四)转移净收入	元	9473	1317
二、消费支出	**元**	**41444**	**15376**
(一)食品烟酒	元	12078	4905
(二)衣着	元	2917	777
(三)居住	元	8201	3548
(四)生活用品及服务	元	2791	767
(五)交通通信	元	4717	2482
(六)教育文化娱乐	元	5087	1486
(七)医疗保健	元	3951	1220
(八)其他用品和服务	元	1701	190

1-3 昆明市城乡常住居民人均可支配收入情况(2021年)

指标名称	单位	城镇住户(U+UR)	农村住户(R)
可支配收入	**元**	**52523**	**19507**
一、工资性收入	**元**	**30146**	**9895**
(一)工资	元	29263	9817
(二)实物福利	元	242	25
(三)其他	元	640	52
二、经营净收入	**元**	**3706**	**7001**
(一)第一产业经营净收入	元	2905	4956
1.农业	元	2739	3880
2.林业	元	132	150
3.牧业	元	13	924
4.渔业	元	20	2
(二)第二产业经营净收入	元	253	343
1.采矿业	元	0	-3
2.制造业	元	2	36
3.电力、热力、燃气及水生产和供应业	元	0	1
4.建筑业	元	250	309
(三)第三产业经营净收入	元	549	1703
1.批发和零售业	元	181	305
2.交通运输仓储和邮政业	元	63	709
3.住宿和餐饮业	元	132	605
4.房地产业	元	0	0
5.租赁和商务服务业	元	-12	6
6.居民服务修理和其他服务业	元	128	118
7.其他	元	45	13
8.农林牧渔服务业	元	12	-53
三、财产净收入	**元**	**9197**	**1294**
(一)利息净收入	元	85	-31
(二)红利收入	元	829	283
1.集体分配的红利	元	683	90
2.其他红利收入	元	145	193
(三)储蓄性保险净收益	元	5	0
(四)转让承包土地经营权租金净收入	元	31	300
(五)出租房屋财产性收入	元	4476	732
(六)出租机械、专利、版权等资产的收入	元	170	17
(七)其他财产净收入	元	125	-7
(八)房屋虚拟租金	元	3477	0
四、转移净收入	**元**	**9473**	**1317**
(一)转移性收入	元	10741	1869
1.养老金或离退休金	元	8971	346
2.社会救济和补助	元	97	86
3.政策性生活补贴	元	310	111
(二)转移性支出	元	1267	552
1.个人所得税	元	278	34
2.社会保障支出	元	606	492
3.外来从业人员寄给家人的支出	元	0	3
4.赡养支出	元	73	8
5.其他转移性支出	元	311	15

1-4 昆明市城乡常住居民人均消费支出(2021年)

指标名称	单位	城镇住户(U+UR)	农村住户(R)
一、消费支出	**元**	**41444**	**15376**
(一)食品烟酒	元	12078	4905
1.食品	元	6379	3332
(1)谷物	元	744	476
(2)薯类	元	62	121
(3)豆类	元	85	68
(4)食用油	元	164	143
(5)蔬菜和食用菌	元	826	400
(6)肉类	元	1808	1069
(7)禽类	元	385	281
(8)水产品	元	378	123
(9)蛋类	元	116	91
(10)奶类	元	411	82
(11)干鲜瓜果类	元	792	252
(12)糖果糕点类	元	421	128
(13)其他食品	元	187	99
2.烟酒	元	1110	794
(1)烟草	元	976	717
(2)酒类	元	134	76
3.饮料	元	412	135
4.饮食服务	元	4177	645
(1)食堂用餐	元	310	75
(2)其他在外饮食	元	3865	568
(3)食品加工服务费	元	2	2
(二)衣着	元	2917	777
1.衣类	元	2419	587
2.鞋类	元	498	190
(三)居住	元	8201	3548
1.租赁房房租	元	263	26
2.住房维修及管理	元	1507	236
3.水电燃料及其他	元	763	326
4.自有住房折算租金	元	5668	2961
(1)租赁房房租中租赁公房房租	元	45	2
(2)租赁房房租中租赁私房房租	元	218	23
(3)住房维修及管理中物业管理费	元	511	8
(四)生活用品及服务	元	2791	767
1.家具及室内装饰品	元	566	140
2.家用器具	元	471	93

1-4 续表

指标名称	单位	城镇住户(U+UR)	农村住户(R)
3.家用纺织品	元	315	102
4.家庭日用杂品	元	445	224
5.个人用品	元	875	195
6.家庭服务	元	120	12
其中：家政服务	元	73	3
(五)交通通信	元	4717	2482
1.交通	元	3522	1953
(1)交通工具	元	323	628
(2)交通费	元	679	105
(3)交通工具用燃料	元	1203	641
(4)交通工具使用及维修	元	1316	579
其中：车辆保险支出	元	418	206
2.通信	元	1196	528
(1)通信工具	元	523	108
(2)通信服务	元	673	420
(六)教育文化娱乐	元	5087	1486
1.教育	元	3327	1269
(1)学前教育	元	606	173
(2)小学教育	元	543	54
(3)初中教育	元	731	196
(4)高中教育	元	714	389
(5)中专职高教育	元	4	75
(6)大专及以上教育	元	412	310
(7)成人教育	元	317	72
2.文化娱乐	元	1761	217
(1)文娱耐用消费品	元	250	32
(2)其他文娱用品	元	471	124
(3)文化娱乐服务	元	1039	61
(七)医疗保健	元	3951	1220
1.医疗器具及药品	元	1237	285
2.医疗服务	元	2714	936
(1)门诊总费用	元	1675	415
(2)住院总费用	元	1040	521
(八)其他用品和服务	元	1701	190
1.其他用品	元	786	109
2.其他服务	元	915	81

1-5 昆明市城乡常住居民住房和生活设施拥有情况(2021年)

指标名称	单位	城镇住户(U+UR)	农村住户(R)
(一)本住户居住空间样式			
1.单栋楼房	%	16.90	79.30
2.单栋平房	%	1.41	12.39
3.四居室及以上单元房	%	14.41	1.12
4.三居室单元房	%	41.20	0.67
5.二居室单元房	%	22.95	3.43
6.一居室单元房	%	1.82	0.00
7.筒子楼或连片平房	%	1.22	0.16
8.其他	%	0.08	2.94
(二)主要建筑材料			
1.钢筋混凝土	%	77.06	33.09
2.砖混材料	%	21.96	47.65
3.砖瓦砖木	%	0.98	15.78
4.竹草土坯	%	0.00	1.40
5.其他	%	0.00	2.08
(三)现住房房屋来源			
1.租赁公房	%	2.71	0.25
2.租赁私房	%	1.85	0.00
3.自建住房	%	21.80	92.02
4.购买商品房	%	51.11	0.29
5.购买房改住房	%	11.18	3.04
6.购买保障性住房	%	1.79	0.00
7.拆迁安置房	%	5.86	1.78
8.继承或获赠住房	%	1.76	2.41
9.免费借用房	%	0.01	0.07
10.雇主提供免费住房	%	0.07	0.00
11.其他来源	%	1.86	0.14
(四)现住房建筑面积	平方米	40.02	54.68
1.10平方米以内	%	0.00	0.00
2.10-20平方米	%	0.07	0.13
3.20-30平方米	%	2.00	0.07
4.30-60平方米	%	7.55	4.80
5.60-90平方米	%	33.94	7.08
6.90-120平方米	%	22.40	19.50
7.120-200平方米	%	24.06	27.67
8.200平方米以上	%	9.98	40.75

1-5 续表

指标名称	单位	城镇住户(U+UR)	农村住户(R)
(五)住户主要饮用水来源情况			
1.经过净化处理的自来水	%	83.51	60.00
2.受保护的井水和泉水	%	1.02	34.30
3.不受保护的井水和泉水	%	0.00	2.97
4.江河湖泊水	%	0.00	0.00
5.收集雨水	%	0.00	0.00
6.桶装水	%	15.44	2.35
7.其他水源	%	0.03	0.38
(六)住户厕所类型			
1.水冲式卫生厕所	%	98.72	68.56
2.水冲式非卫生厕所	%	0.69	8.07
3.卫生旱厕	%	0.08	8.50
4.普通旱厕	%	0.16	10.88
5.无厕所	%	0.35	3.99
(七)住户洗澡设施情况			
1.统一供热水	%	9.06	0.57
2.家庭自装热水器	%	87.91	88.72
3.其他	%	2.51	4.34
4.无洗澡设施	%	0.52	6.37
(八)主要炊用能源状况			
1.柴草	%	0.58	16.48
2.煤炭	%	0.01	0.00
3.罐装液化石油气	%	6.95	8.32
4.管道液化石油气	%	1.66	0.14
5.管道煤气	%	0.03	0.00
6.管道天然气	%	61.00	1.02
7.电	%	29.65	73.28
8.燃料用油	%	0.00	0.21
9.沼气	%	0.00	0.48
10.其他	%	0.00	0.00
11.无炊用行为	%	0.12	0.07

1-6 昆明市每百户住户耐用消费品拥有情况(2021年)

指标名称	单位	城镇住户(U+UR)	农村住户(R)
1.家用汽车	辆	81.2	69.7
2.摩托车	辆	12.0	40.4
3.助力车	台	50.4	56.4
4.洗衣机	台	107.3	103.8
5.电冰箱(柜)	台	103.3	99.6
6.微波炉	台	77.5	30.5
7.彩色电视机	台	109.9	108.0
8.空调	台	9.7	1.2
9.热水器	台	91.4	86.9
10.洗碗机	台	3.0	0.5
11.排油烟机	台	88.5	41.2
12.固定电话	线	6.9	0.4
13.移动电话	部	270.4	305.0
其中：接入互联网	部	241.2	249.3
14.计算机	台	80.1	23.3
其中：接入互联网	台	73.3	22.2
15.照相机	台	29.2	3.0
16.中高档乐器	架	15.1	6.6
17.健身器材	台	13.1	6.1
18.空气净化器(含新风系统)	台	2.8	1.4
19.吸尘器	台	23.9	3.3

1-7 昆明市城乡常住居民食品消费情况(2021年,含自产自用)

指标名称	单位	城镇住户(U+UR)	农村住户(R)
一、粮食消费量	**公斤**	**107.84**	**134.05**
(一)谷物消费量	公斤	93.16	117.98
1.小麦	公斤	29.73	13.16
2.稻谷	公斤	46.96	86.61
3.玉米	公斤	5.43	12.43
4.其他谷物	公斤	11.04	5.77
(二)薯类消费量	公斤	2.90	4.93
1.红薯	公斤	0.55	0.23
2.马铃薯	公斤	2.05	4.54
3.其他薯类	公斤	0.30	0.16
(三)豆类消费量	公斤	11.78	11.14
1.大豆	公斤	0.18	1.21
2.其他豆类	公斤	11.60	9.93
二、油脂类消费量	**公斤**	**8.52**	**8.01**
(一)植物油	公斤	7.51	5.63
(二)动物油	公斤	1.01	2.38
三、蔬菜及菜制品消费量	**公斤**	**91.12**	**87.11**
(一)鲜菜	公斤	86.86	85.13
(二)干菜及菜制品	公斤	1.88	1.39
(三)鲜菌	公斤	2.02	0.57
(四)干菌及菌制品	公斤	0.35	0.05
四、肉类	**公斤**	**35.37**	**31.02**
(一)猪肉	公斤	24.17	27.68
(二)牛肉	公斤	4.30	1.32
(三)羊肉	公斤	0.44	0.33
(四)其他肉类及制品	公斤	6.45	1.69
五、禽类	**公斤**	**9.72**	**10.22**
(一)鸡	公斤	6.09	8.61
(二)鸭	公斤	0.30	0.51
(三)鹅	公斤	0.05	0.08
(四)其他禽类及制品	公斤	3.29	1.02

1-7 续表

指标名称	单位	城镇住户(U+UR)	农村住户(R)
六、水产品	**公斤**	**10.61**	**5.40**
(一)鱼类	公斤	6.42	4.85
(二)虾、贝、蟹类	公斤	2.80	0.33
(三)藻类	公斤	0.17	0.07
(四)其他	公斤	1.22	0.16
七、蛋类及蛋制品	**公斤**	**6.92**	**6.53**
(一)鲜蛋	公斤	6.56	6.43
(二)蛋制品	公斤	0.36	0.10
八、奶和奶制品	**公斤**	**19.28**	**4.34**
(一)鲜奶	公斤	13.12	3.12
(二)酸奶	公斤	4.90	0.85
(三)奶粉	公斤	0.46	0.11
(四)其他奶制品	公斤	0.79	0.26
九、干鲜瓜果类	**公斤**	**63.16**	**34.63**
(一)鲜瓜果	公斤	56.24	30.89
(二)瓜果制品	公斤	1.37	0.44
(三)坚果类	公斤	5.56	3.29
十、糖果糕点类	**公斤**	**12.49**	**6.80**
(一)食糖	公斤	0.95	1.19
(二)糖果	公斤	1.13	0.64
(三)糕点	公斤	9.68	4.65
(四)其他糖果糕点	公斤	0.73	0.32
十一、饮料	**公斤**	**0.70**	**0.40**
(一)茶叶	公斤	0.70	0.40
十二、烟叶消费量	**公斤**	**56.14**	**51.86**
十三、酒	**公斤**	**5.62**	**5.79**
(一)白酒	公斤	1.80	4.73
(二)啤酒	公斤	3.58	1.04
(三)果酒	公斤	0.24	0.02

1-8 昆明市城乡常住居民能源消耗情况(2021年)

指标名称	单位	城镇住户(U+UR)	农村住户(R)
一、能源消费数量			
1.天然气	立方米	30.49	0.97
金额	元	84.76	2.96
2.煤气	立方米	0.72	0.01
金额	元	2.19	0.07
3.液化石油气	公斤	2.51	2.11
金额	元	16.97	11.86
4.汽油	升	169.07	92.80
金额	元	1184.58	633.51
其中：生产用	升	0.00	0.00
金额	元	0.00	0.00
5.柴油	升	0.07	0.64
金额	元	0.47	4.29
其中：生产用	升	0.00	0.00
金额	元	0.00	0.00
6.电	度	753.38	298.88
金额	元	371.13	143.38
其中：生产用	度	0.00	0.00
金额	元	0.00	0.00
7.沼气	立方米	0.00	0.00
金额	元	0.00	0.00
8.煤炭	公斤	0.25	4.04
金额	元	0.72	5.51
9.柴	公担	0.35	4.77
金额	元	9.05	123.55
10.草	公担	0.01	0.00
金额	元	0.24	0.13

1-9-1 昆明市城镇居民家庭人均收入及构成(2002-2013年)

年 份	单位	可支配收入	总收入				
				工资性收入	经营净收入	财产性收入	转移性收入
2002	元	7380.72	7812.96	5055.12	201.12	55.68	2501.04
2003	元	7979.40	8571.48	5887.68	196.20	88.32	2399.16
2004	元	8925.03	9681.93	6045.90	527.02	373.74	2735.27
2005	元	9516.60	10269.24	5973.36	633.36	633.84	3028.68
2006	元	10801.32	11579.40	6405.00	512.76	1127.04	3534.60
2007	元	12122.64	13183.64	9149.44	921.40	44.98	3067.82
2008	元	14482.00	15330.72	8100.92	1168.60	1752.42	4308.78
2009	元	16495.68	18500.51	10236.40	1001.87	2256.08	5006.16
2010	元	18875.65	20614.95	11377.73	929.42	3308.99	4998.81
2011	元	21965.69	23788.32	13411.60	2018.19	2684.66	5673.87
2012	元	25238.67	27458.00	15902.9	3192.63	2162.31	6200.16
2013	元	28353.68	29645.72	16939.73	2484.14	6707.11	3514.75

注：2002-2006年的“工资性收入”为“工薪收入”。
2007-2008年“经营净收入”一栏数据为“经营性收入”。

1-9-2 昆明市城镇居民家庭人均收入及构成(2014-2021年)

年份	单位	可支配收入				
			工资性收入	经营净收入	财产净收入	转移净收入
2014	元	31294.94	15162.65	2358.93	6483.37	7289.99
2015	元	33954.92	16578.05	2742.77	7667.02	6967.08
2016	元	36738.92	17902.43	2867.05	8458.43	7511.01
2017	元	39788.22	20517.93	2977.67	7722.93	8569.70
2018	元	42987.74	24019.59	3110.31	7267.57	8590.27
2019	元	46288.90	25828.45	3350.19	8347.02	8763.23
2020	元	48017.85	26918.64	3434.03	8623.70	9041.49
2021	元	52522.63	30145.88	3706.43	9196.99	9473.34

1-10-1 昆明市农村居民家庭人均纯收入及构成(2008-2013年)

年份	单位	纯收入				
			工资性收入	家庭经营纯收入	财产性纯收入	转移性纯收入
2008	元	4610.16	1310.70	2415.72	593.42	290.32
2009	元	5080.06	1427.89	2580.04	687.65	384.47
2010	元	5810.20	1875.00	2581.30	913.70	440.30
2011	元	6985.03	2479.34	3483.86	694.07	327.76
2012	元	8039.77	3243.13	3659.06	779.23	358.34
2013	元	9273.03	4334.35	3860.98	509.50	568.20

1-10-2 昆明市农村居民家庭人均收入及构成(2014-2021年)

年份	单位	可支配收入				
			工资性收入	经营净收入	财产净收入	转移净收入
2014	元	10365.60	5192.07	3652.02	705.39	816.11
2015	元	11443.96	5057.42	5030.19	714.08	642.27
2016	元	12554.99	5802.03	5100.94	989.91	662.11
2017	元	13698.01	6391.78	5410.25	937.04	958.93
2018	元	14894.85	7114.53	5746.53	1050.79	983.00
2019	元	16355.56	7955.04	6191.11	1110.13	1099.28
2020	元	17718.72	8724.32	6605.38	1206.33	1182.69
2021	元	19506.95	9894.54	7001.15	1294.45	1316.80

1-11 昆明市城镇常住居民人均消费支出(2014-2021年)

指标名称	单位	2014	2015	2016	2017	2018	2019	2020	2021
消费支出	**元**	**19879.04**	**20670.13**	**23429.53**	**26092.67**	**28932.53**	**35363.85**	**37056.62**	**41444.44**
食品烟酒	元	5475.80	5703.48	6519.92	7243.99	7261.37	8834.32	10586.89	12078.28
食品	元	3569.81	3785.57	4423.72	4669.18	4444.19	5267.25	5635.26	6379.33
谷物	元	402.75	419.36	440.69	453.55	453.19	509.41	759.27	744.32
薯类	元	49.63	43.22	50.41	48.13	52.76	56.94	61.42	61.60
豆类	元	46.85	52.79	59.70	61.73	62.55	61.88	103.60	84.75
食用油	元	136.19	139.97	147.47	154.23	107.41	141.68	160.70	163.70
蔬菜和食用菌	元	654.91	704.07	798.33	799.84	681.81	766.87	778.54	825.80
肉类	元	905.23	961.92	1159.05	1237.93	1048.18	1491.71	1430.76	1807.80
禽类	元	216.94	228.35	288.57	281.60	320.48	333.67	305.22	385.35
水产品	元	194.92	172.99	219.29	254.37	287.28	234.12	290.31	378.16
蛋类	元	64.49	72.12	83.83	78.50	91.80	103.21	86.83	116.41
奶类	元	177.76	185.80	251.52	245.02	304.46	360.23	325.37	411.43
干鲜瓜果类	元	397.08	444.55	499.93	586.51	552.56	708.16	712.93	791.86
糖果糕点类	元	212.75	224.23	251.77	290.10	273.93	250.28	322.67	421.45
其他食品	元	110.31	136.19	173.16	177.67	207.76	249.09	297.63	186.68
烟酒	元	524.91	479.16	445.23	530.74	422.22	566.57	832.07	1110.13
饮料	元	117.27	145.56	144.84	170.96	147.50	207.97	313.30	411.63
饮食服务	元	1263.82	1293.19	1506.13	1873.11	2247.46	2792.53	3806.27	4177.19
衣着	元	1353.43	1390.07	1492.61	1669.49	2049.17	2423.31	2630.57	2917.49
居住	元	4837.88	5124.29	5888.79	5745.15	6635.05	7503.18	7344.76	8200.88
生活用品及服务	元	1249.42	1290.35	1518.68	1590.40	1884.75	2564.71	2674.36	2791.03
交通通信	元	2197.59	2575.79	2703.06	3163.02	2945.57	3834.54	4539.32	4717.40
教育文化娱乐	元	3194.77	2697.99	3203.36	3718.61	4415.61	5775.11	4206.53	5087.16
医疗保健	元	1122.17	1364.35	1534.79	2262.40	2692.32	3175.34	3647.57	3951.02
其他用品和服务	元	447.98	523.80	568.32	699.61	1048.69	1253.34	1426.62	1701.18

1-12 昆明市农村常住居民人均消费支出(2014-2021年)

指标名称	单位	2014	2015	2016	2017	2018	2019	2020	2021
消费支出	元	**9605.47**	**10064.17**	**10481.05**	**11142.14**	**11426.24**	**12828.55**	**13810.23**	**15376.25**
食品烟酒	元	2554.14	2712.64	2952.58	2920.98	3069.72	3327.62	4395.66	4905.26
食品	元	1897.41	1989.95	2188.76	2047.33	2095.22	2199.10	3041.15	3331.59
谷物	元	344.64	364.32	384.79	391.81	399.38	321.26	435.26	475.67
薯类	元	79.54	71.75	137.12	66.66	42.40	59.44	97.57	120.71
豆类	元	26.49	25.61	31.44	30.44	43.41	35.19	60.77	68.42
食用油	元	83.10	92.27	108.89	97.88	94.06	91.15	139.95	142.73
蔬菜和食用菌	元	250.71	254.13	269.78	261.96	250.88	239.94	331.60	400.12
肉类	元	542.01	601.39	634.45	583.44	596.00	737.11	1011.30	1069.03
禽类	元	145.64	147.26	148.60	143.60	117.29	141.99	193.26	280.98
水产品	元	55.90	62.10	68.42	62.30	58.81	74.03	113.21	123.03
蛋类	元	42.70	42.17	39.75	36.19	36.27	43.59	66.43	90.56
奶类	元	38.83	41.77	58.97	56.24	113.67	103.86	85.85	81.58
干鲜瓜果类	元	141.63	137.10	145.92	162.79	158.63	178.39	247.85	251.95
糖果糕点类	元	86.00	87.00	96.93	98.03	89.32	99.99	129.64	128.12
其他食品	元	60.21	63.09	63.71	55.99	95.09	73.14	128.46	98.69
烟酒	元	406.33	467.27	463.61	505.99	514.61	584.31	737.60	793.61
饮料	元	49.37	54.44	58.46	83.61	52.90	79.69	115.55	135.30
饮食服务	元	201.03	200.97	241.74	284.05	406.99	464.52	501.37	644.75
衣着	元	536.51	475.86	497.41	537.36	630.69	646.11	721.12	777.27
居住	元	2465.09	2547.79	2660.88	2921.02	2855.47	3120.77	3159.33	3548.39
生活用品及服务	元	522.68	508.75	498.04	497.21	643.71	670.45	708.25	766.93
交通通信	元	1555.97	1739.59	1767.44	1836.42	1869.94	2330.62	2283.63	2481.84
教育文化娱乐	元	1086.89	1138.02	1114.54	1305.88	1088.61	1439.21	1291.20	1486.14
医疗保健	元	759.89	813.39	873.44	1017.10	1059.57	1074.98	1101.99	1220.47
其他用品和服务	元	124.28	128.15	116.72	106.17	208.51	218.79	149.05	189.95

1-13 昆明市城镇居民家庭人均消费性支出(2008-2013年)

年份	单位	消费性支出	食品支出	衣着支出	居住支出	家庭设备、用品及服务支出	医疗保健支出	交通通信支出	文教娱乐用品及服务支出	其他商品和服务支出
2008	元	9953.52	4598.72	1202.20	774.82	355.16	815.86	1189.42	825.46	191.89
2009	元	11395.85	4833.72	1291.64	1120.12	407.20	894.94	1649.40	938.91	259.92
2010	元	13243.53	5240.39	1470.54	1164.77	596.46	853.31	2226.50	1354.95	336.60
2011	元	14105.61	5288.87	1966.15	913.03	640.57	987.55	2070.38	1758.40	480.67
2012	元	16880.50	6241.99	2282.72	988.39	772.54	1121.06	2787.34	2111.75	574.72
2013	元	16557.88	5700.00	1572.51	1619.86	1031.38	1050.80	2370.56	2533.76	679.01

1-14 昆明市农村居民家庭人均消费性支出(2008-2013年)

年份	单位	消费性支出	食品支出	衣着支出	居住支出	家庭设备、用品及服务支出	医疗保健支出	交通通信支出	文教娱乐用品及服务支出	其他商品和服务支出
2008	元	4530.16	1774.26	254.21	954.98	220.05	342.21	488.25	415.63	80.57
2009	元	5035.24	1648.63	275.98	1251.54	305.15	418.90	549.68	496.95	88.41
2010	元	5701.20	1781.00	336.80	1169.20	289.20	526.50	895.40	589.70	113.40
2011	元	7216.67	2802.79	451.10	1471.09	425.87	525.15	886.51	533.54	120.62
2012	元	6981.45	2539.06	488.38	1235.84	371.08	599.06	944.05	648.32	155.67
2013	元	8397.49	2749.95	514.01	2069.74	420.89	724.99	1140.65	611.96	165.30

1-15 昆明市每百户城镇居民耐用消费品拥有情况(2014-2021年)

指标名称	单位	2014	2015	2016	2017	2018	2019	2020	2021
1.家用汽车	辆	47.8	52.3	53.8	58.1	61.3	59.2	88.3	81.2
2.摩托车	辆	12.0	11.8	9.6	10.3	10.1	7.3	13.6	12.0
3.助力车	台	40.9	40.5	38.1	38.7	35.2	31.3	42.6	50.4
4.洗衣机	台	95.6	97.0	100.4	102.1	101.8	102.1	114.8	107.3
5.电冰箱(柜)	台	90.2	93.3	95.2	95.7	99.9	96.8	108.7	103.3
6.微波炉	台	72.9	73.4	76.8	78.2	79.8	82.7	90.3	77.5
7.彩色电视机	台	111.7	110.8	109.7	112.7	105.0	105.0	126.3	109.9
其中：接入有线电视	台	96.5	94.8	91.5	79.2	64.6			
8.空调	台	2.0	2.6	2.5	2.1	2.4	6.5	2.8	9.7
9.热水器	台	88.8	92.8	95.4	97.5	94.2	95.4	115.7	91.4
其中：太阳能热水器	台	67.8	71.3	72.7	68.0	53.5			
10.消毒碗柜	台	12.2	9.3	8.5					
11.洗碗机	台	0.6	1.3	1.6	2.2	0.1	1.4	0.6	3.0
12.排油烟机	台	80.2	81.9	83.5	85.0	85.5	92.5	91.6	88.5
13.固定电话	线	37.2	36.0	40.1	27.9	10.2	13.6	6.7	6.9
14.移动电话	部	223.0	230.8	233.4	236.4	233.9	205.5	284.3	270.4
其中：接入互联网	部	94.5	103.2	118.9	126.6	147.5	164.9	255.8	241.2
15.计算机	台	72.8	77.6	82.8	85.8	80.6	69.2	87.7	80.1
其中：接入互联网	台	62.6	66.0	70.0	71.1	66.3	54.7	79.9	73.3
16.摄像机	台	13.2	13.0	14.9					
17.照相机	台	49.0	48.9	48.9	49.8	41.8	11.9	38.0	29.2
18.中高档乐器	架	4.6	5.0	6.1	8.0	13.5	34.4	12.9	15.1
19.健身器材	台	5.0	5.7	6.6	7.2	2.6	9.0	14.2	13.1
20.组合音响	套	22.3	23.2	22.7					

1-16 昆明市每百户农村居民耐用消费品拥有情况(2014-2021年)

指标名称	单位	2014	2015	2016	2017	2018	2019	2020	2021
1.家用汽车	辆	25.5	26.3	34.7	34.9	55.2	61.7	51.8	69.7
2.摩托车	辆	54.2	60.7	60.4	62.9	56.9	70.5	43.4	40.4
3.助力车	台	18.2	22.5	24.3	33.3	56.9	67.1	50.4	56.4
4.洗衣机	台	80.0	83.2	85.7	82.9	93.5	98.5	96.6	103.8
5.电冰箱(柜)	台	53.6	59.3	71.8	66.8	84.3	102.1	91.0	99.6
6.微波炉	台	23.3	18.9	25.0	27.6	30.3	28.6	31.9	30.5
7.彩色电视机	台	107.5	108.3	109.9	109.2	109.5	121.2	106.9	108.0
其中：接入有线电视	台	55.9	56.3	46.1	45.7	60.8			
8.空调	台	0.5	0.4	0.7	0.5	0.3	0.9	1.6	1.2
9.热水器	台	61.5	67.7	74.9	68.8	87.0	80.7	91.3	86.9
其中：太阳能热水器	台	52.3	58.2	63.4	62.1	80.6			
10.消毒碗柜	台	2.9	1.9	3.4		0.1			
11.洗碗机	台	0.2	0.5	0.4	1.0	2.0	0.6	0.6	0.5
12.排油烟机	台	15.7	14.7	19.6	22.1	22.8	26.5	29.9	41.2
13.固定电话	线	15.1	12.5	13.6	8.6	2.4	1.3	1.3	0.4
14.移动电话	部	247.5	254.4	271.0	271.9	289.2	322.5	287.8	305.0
其中：接入互联网	部	35.7	37.9	61.5	69.7	163.5	187.6	225.5	249.3
15.计算机	台	17.7	16.2	18.9	22.0	17.1	12.9	18.5	23.3
其中：接入互联网	台	10.5	9.5	11.9	14.9	14.2	8.6	14.1	22.2
16.摄像机	台	1.6	0.6	1.4		0.1			
17.照相机	台	7.8	6.7	7.8	7.3	5.7	3.5	2.7	3.0
18.中高档乐器	架	1.1	1.0	1.4	1.9	7.1	7.8	3.5	6.6
19.健身器材	台	1.0	0.7	2.3	1.9	6.2	6.2	1.2	6.1
20.组合音响	套	12.4	12.6	12.7		0.1			

1-17 昆明市城镇常住居民食品消费情况(含自产自用)(2014-2021年)

指标名称	单位	2014	2015	2016	2017	2018	2019	2020	2021
一、粮食消费量	**公斤**	**87.06**	**86.92**	**94.19**	**94.33**	**102.96**	**102.08**	**126.91**	**107.84**
(一)谷物消费量	公斤	77.55	76.85	82.88	83.07	90.88	88.63	104.85	93.16
1.小麦	公斤	10.67	10.60	16.04	15.30	27.40	24.81	19.67	29.73
2.稻谷	公斤	56.57	55.63	52.57	54.22	47.53	49.80	56.35	46.96
3.玉米	公斤	2.00	1.72	2.66	3.12	4.51	5.09	5.44	5.43
4.其他谷物	公斤	8.31	8.91	11.61	10.42	11.44	8.93	23.40	11.04
(二)薯类消费量	公斤	2.16	2.10	2.37	2.42	2.68	2.83	3.27	2.90
1.红薯	公斤	0.17	0.20	0.36	0.36	0.36	0.55	0.35	0.55
2.马铃薯	公斤	1.69	1.64	1.72	1.85	1.93	2.12	2.72	2.05
3.其他薯类	公斤	0.30	0.26	0.30	0.21	0.39	0.16	0.21	0.30
(三)豆类消费量	公斤	7.36	7.97	8.93	8.84	9.39	10.63	18.78	11.78
1.大豆	公斤	0.37	0.38	0.36	0.31	0.22	0.16	0.17	0.18
2.其他豆类	公斤	6.98	7.59	8.58	8.53	9.17	10.47	18.61	11.60
二、油脂类消费量	**公斤**	**8.91**	**8.93**	**8.79**	**9.44**	**6.82**	**7.43**	**7.77**	**8.52**
(一)植物油	公斤	7.96	7.78	7.82	8.63	5.67	6.67	6.67	7.51
(二)动物油	公斤	0.95	1.15	0.97	0.81	1.14	0.77	1.10	1.01
三、蔬菜及菜制品消费量	**公斤**	**102.45**	**106.39**	**117.84**	**111.27**	**95.07**	**115.99**	**81.91**	**91.12**
(一)鲜菜	公斤	98.53	101.69	113.10	106.37	89.82	111.03	77.61	86.86
(二)干菜及菜制品	公斤	1.87	2.47	2.50	2.41	2.56	3.10	2.18	1.88
(三)鲜菌	公斤	1.85	1.97	2.05	2.17	2.43	1.60	1.91	2.02
(四)干菌及菌制品	公斤	0.20	0.27	0.19	0.32	0.26	0.26	0.22	0.35
四、肉类	**公斤**	**25.76**	**27.04**	**29.56**	**30.67**	**28.54**	**35.99**	**22.38**	**35.37**
(一)猪肉	公斤	18.27	19.17	20.48	20.45	19.49	26.38	14.74	24.17
(二)牛肉	公斤	3.14	3.01	3.43	4.39	3.86	3.85	3.11	4.30
(三)羊肉	公斤	0.57	0.54	0.65	0.63	0.52	0.69	0.31	0.44
(四)其他肉类及制品	公斤	3.76	4.32	5.00	5.20	4.67	5.07	4.22	6.45
五、禽类	**公斤**	**7.71**	**7.51**	**9.23**	**8.56**	**9.48**	**9.32**	**8.36**	**9.72**
(一)鸡	公斤	5.91	5.52	6.62	6.22	6.70	6.72	5.72	6.09
(二)鸭	公斤	0.34	0.37	0.45	0.33	0.71	0.27	0.40	0.30
(三)鹅	公斤	0.03	0.04	0.03	0.07	0.03	0.10	0.08	0.05
(四)其他禽类及制品	公斤	1.42	1.58	2.13	1.93	2.04	2.23	2.16	3.29

1-17 续表

指标名称	单位	2014	2015	2016	2017	2018	2019	2020	2021
六、水产品	**公斤**	**7.00**	**6.77**	**8.16**	**7.83**	**8.72**	**10.08**	**10.28**	**10.61**
(一)鱼类	公斤	5.06	5.18	6.06	5.58	6.12	6.57	5.92	6.42
(二)虾、贝、蟹类	公斤	0.87	0.77	0.95	1.24	1.42	2.49	3.42	2.80
(三)藻类	公斤	0.05	0.11	0.12	0.11	0.12	0.15	0.08	0.17
(四)其他	公斤	1.02	0.71	1.04	0.90	1.06	0.87	0.86	1.22
七、蛋类及蛋制品	**公斤**	**5.24**	**5.73**	**6.83**	**6.24**	**6.82**	**6.72**	**5.80**	**6.92**
(一)鲜蛋	公斤	4.98	5.38	6.33	5.80	6.61	6.56	5.36	6.56
(二)蛋制品	公斤	0.27	0.34	0.50	0.43	0.21	0.16	0.44	0.36
八、奶和奶制品	**公斤**	**14.85**	**13.16**	**14.61**	**14.60**	**16.56**	**17.97**	**15.18**	**19.28**
(一)鲜奶	公斤	12.24	9.97	9.90	10.45	10.66	12.83	9.64	13.12
(二)酸奶	公斤	1.68	2.30	3.72	3.17	4.67	3.70	4.23	4.90
(三)奶粉	公斤	0.20	0.23	0.33	0.33	0.45	0.37	0.40	0.46
(四)其他奶制品	公斤	0.73	0.67	0.66	0.65	0.78	1.07	0.90	0.79
九、干鲜瓜果类	**公斤**	**37.86**	**42.11**	**47.27**	**51.10**	**49.15**	**61.67**	**63.70**	**63.16**
(一)鲜瓜果	公斤	33.94	36.96	41.79	45.44	44.02	56.23	56.65	56.24
(二)瓜果制品	公斤	0.55	0.71	1.13	1.10	0.88	1.17	1.25	1.37
(三)坚果类	公斤	3.37	4.43	4.35	4.55	4.25	4.26	5.79	5.56
十、糖果糕点类	**公斤**	**9.19**	**9.16**	**10.02**	**11.46**	**11.10**	**16.02**	**10.99**	**12.49**
(一)食糖	公斤	1.14	1.21	1.23	1.32	1.09	1.02	1.01	0.95
(二)糖果	公斤	0.67	0.66	0.87	0.70	0.82	0.99	1.24	1.13
(三)糕点	公斤	5.93	6.10	6.76	8.29	8.46	13.39	7.94	9.68
(四)其他糖果糕点	公斤	1.46	1.18	1.15	1.15	0.72	0.61	0.80	0.73
十一、饮料	**公斤**	**0.28**	**0.39**	**0.33**	**0.49**	**0.32**	**0.27**	**0.36**	**0.70**
(一)茶叶	公斤	0.28	0.39	0.33	0.49	0.32	0.27	0.36	0.70
十二、烟叶消费量	**公斤**	**25.22**	**27.09**	**26.18**	**30.26**	**27.91**	**38.00**	**43.77**	**56.14**
十三、酒	**公斤**	**4.20**	**3.66**	**3.38**	**3.14**	**2.27**	**2.62**	**2.93**	**5.62**
(一)白酒	公斤	2.56	2.42	2.27	2.16	1.51	1.57	1.80	1.80
(二)啤酒	公斤	1.32	0.91	0.91	0.77	0.52	0.88	0.94	3.58
(三)果酒	公斤	0.33	0.33	0.19	0.21	0.24	0.16	0.20	0.24

1-18 昆明市农村常住居民食品消费情况(含自产自用)(2014-2021年)

指标名称	单位	2014	2015	2016	2017	2018	2019	2020	2021
一、粮食消费量	**公斤**	**111.32**	**114.05**	**120.14**	**123.37**	**124.45**	**92.32**	**126.93**	**134.05**
(一)谷物消费量	公斤	102.44	105.12	109.40	113.95	111.35	83.25	111.67	117.98
1.小麦	公斤	4.41	5.26	5.49	4.25	6.68	8.83	13.33	13.16
2.稻谷	公斤	88.80	93.34	87.31	96.30	81.55	64.75	83.11	86.61
3.玉米	公斤	6.59	3.94	13.91	10.74	19.14	6.47	9.37	12.43
4.其他谷物	公斤	2.65	2.58	2.70	2.66	3.98	3.20	5.86	5.77
(二)薯类消费量	公斤	3.74	3.97	4.95	4.45	3.53	3.33	4.74	4.93
1.红薯	公斤	0.08	0.06	0.07	0.08	0.21	0.09	0.20	0.23
2.马铃薯	公斤	3.59	3.82	4.78	4.32	3.21	3.10	4.37	4.54
3.其他薯类	公斤	0.07	0.09	0.10	0.06	0.12	0.14	0.17	0.16
(三)豆类消费量	公斤	5.14	4.96	5.78	4.96	9.57	5.74	10.51	11.14
1.大豆	公斤	0.80	0.87	0.75	0.60	2.30	0.50	0.63	1.21
2.其他豆类	公斤	4.34	4.09	5.03	4.36	7.27	5.24	9.88	9.93
二、油脂类消费量	**公斤**	**5.54**	**5.94**	**7.24**	**6.68**	**7.00**	**6.25**	**8.17**	**8.01**
(一)植物油	公斤	3.86	4.21	5.16	5.01	4.81	4.34	6.04	5.63
(二)动物油	公斤	1.68	1.73	2.07	1.67	2.19	1.90	2.13	2.38
三、蔬菜及菜制品消费量	**公斤**	**69.43**	**71.61**	**74.22**	**71.40**	**55.87**	**50.61**	**73.70**	**87.11**
(一)鲜菜	公斤	68.47	70.52	72.96	70.48	54.57	49.18	71.89	85.13
(二)干菜及菜制品	公斤	0.56	0.73	0.78	0.59	0.74	0.94	1.15	1.39
(三)鲜菌	公斤	0.34	0.33	0.46	0.31	0.55	0.46	0.65	0.57
(四)干菌及菌制品	公斤	0.07	0.03	0.02	0.03	0.03	0.04	0.06	0.05
四、肉类	**公斤**	**25.79**	**28.20**	**24.93**	**23.86**	**23.36**	**26.20**	**23.44**	**31.02**
(一)猪肉	公斤	23.19	25.57	22.16	20.85	19.36	22.65	20.06	27.68
(二)牛肉	公斤	1.05	0.88	1.20	1.08	1.44	0.97	1.20	1.32
(三)羊肉	公斤	0.61	0.73	0.63	0.59	0.86	0.87	0.53	0.33
(四)其他肉类及制品	公斤	0.94	1.02	0.94	1.34	1.71	1.71	1.64	1.69
五、禽类	**公斤**	**6.71**	**6.77**	**6.55**	**6.28**	**5.11**	**5.81**	**8.60**	**10.22**
(一)鸡	公斤	6.16	6.17	5.91	5.70	3.55	4.88	7.13	8.61
(二)鸭	公斤	0.25	0.26	0.26	0.21	0.83	0.25	0.47	0.51
(三)鹅	公斤	0.02	0.02	0.04	0.02	0.05	0.03	0.08	0.08
(四)其他禽类及制品	公斤	0.28	0.32	0.35	0.35	0.67	0.65	0.92	1.02

1-18 续表

指标名称	单位	2014	2015	2016	2017	2018	2019	2020	2021
六、水产品	**公斤**	**3.19**	**3.49**	**3.76**	**3.30**	**3.29**	**3.46**	**5.56**	**5.40**
(一)鱼类	公斤	3.01	3.31	3.56	3.08	3.07	3.11	5.12	4.85
(二)虾、贝、蟹类	公斤	0.08	0.09	0.11	0.08	0.10	0.14	0.23	0.33
(三)藻类	公斤	0.01		0.02	0.02	0.01	0.01	0.05	0.07
(四)其他	公斤	0.09	0.08	0.07	0.12	0.11	0.20	0.16	0.16
七、蛋类及蛋制品	**公斤**	**3.71**	**3.93**	**3.62**	**3.38**	**2.81**	**3.00**	**4.95**	**6.53**
(一)鲜蛋	公斤	3.64	3.85	3.55	3.24	2.76	2.96	4.88	6.43
(二)蛋制品	公斤	0.07	0.08	0.07	0.14	0.05	0.04	0.07	0.10
八、奶和奶制品	**公斤**	**2.98**	**2.48**	**2.45**	**2.19**	**2.94**	**3.25**	**5.76**	**4.34**
(一)鲜奶	公斤	2.04	1.78	1.51	1.32	1.75	2.24	4.35	3.12
(二)酸奶	公斤	0.47	0.27	0.36	0.40	0.57	0.55	1.03	0.85
(三)奶粉	公斤	0.08	0.09	0.25	0.14	0.40	0.30	0.15	0.11
(四)其他奶制品	公斤	0.39	0.35	0.34	0.33	0.22	0.15	0.23	0.26
九、干鲜瓜果类	**公斤**	**19.01**	**18.94**	**20.51**	**21.17**	**21.50**	**21.39**	**30.79**	**34.63**
(一)鲜瓜果	公斤	17.16	16.99	18.00	18.71	18.09	19.13	27.38	30.89
(二)瓜果制品	公斤	0.13	0.15	0.19	0.51	0.17	0.24	0.32	0.44
(三)坚果类	公斤	1.72	1.81	2.33	1.95	3.25	2.02	3.09	3.29
十、糖果糕点类	**公斤**	**5.39**	**5.48**	**6.06**	**6.11**	**5.43**	**5.12**	**7.45**	**6.80**
(一)食糖	公斤	1.01	0.84	1.17	0.89	0.69	0.61	1.12	1.19
(二)糖果	公斤	0.64	0.62	0.66	0.43	0.99	0.59	0.71	0.64
(三)糕点	公斤	3.36	3.63	3.59	4.28	3.21	3.68	5.16	4.65
(四)其他糖果糕点	公斤	0.38	0.40	0.64	0.52	0.53	0.24	0.46	0.32
十一、饮料	**公斤**	**0.27**	**0.32**	**0.35**	**0.64**	**0.17**	**0.17**	**0.45**	**0.40**
(一)茶叶	公斤	0.27	0.32	0.35	0.64	0.17	0.17	0.45	0.40
十二、烟叶消费量	**公斤**	**37.52**	**41.60**	**41.84**	**44.47**	**41.61**	**45.75**	**53.67**	**51.86**
十三、酒	**公斤**	**8.81**	**8.46**	**8.34**	**6.11**	**5.44**	**4.10**	**6.69**	**5.79**
(一)白酒	公斤	5.80	6.13	6.69	5.36	3.90	2.64	5.56	4.73
(二)啤酒	公斤	2.95	2.21	1.63	0.71	1.51	1.43	1.10	1.04
(三)果酒	公斤	0.05	0.12	0.02	0.03	0.02	0.03	0.03	0.02

1-19 昆明市城镇常住居民能源消耗情况(2014-2021年)

指标名称	单位	2014	2015	2016	2017	2018	2019	2020	2021
一、能源消费数量									
1.天然气	立方米	11.30	14.18	17.69	25.14	21.62	32.17	16.67	30.49
金额	元	17.26	26.13	45.31	76.21	61.13	101.98	48.65	84.76
2.煤气	立方米	55.88	34.48	34.89	11.40	4.59	2.83	0.83	0.72
金额	元	88.21	54.24	55.88	18.70	9.77	6.34	2.20	2.19
3.液化石油气	公斤	7.84	7.04	7.71	5.77	2.57	2.65	5.09	2.51
金额	元	51.51	44.52	42.54	37.28	16.22	17.89	33.10	16.97
4.汽油	升	58.63	72.76	96.55	90.15	92.75	113.07	153.02	169.07
金额	元	450.08	461.24	574.67	590.54	687.36	821.66	966.27	1184.58
其中：生产用	升	58.17	71.87	95.65					
金额	元	446.48	455.32	569.32					
5.柴油	升	0.68	1.97	5.20	3.22	2.12	0.68	0.50	0.07
金额	元	5.22	12.54	29.94	19.88	14.38	4.72	2.84	0.47
其中：生产用	升	0.67	1.94	5.14					
金额	元	5.11	12.35	29.55					
6.电	度	613.48	697.33	774.64	711.33	661.25	786.42	628.16	753.38
金额	元	303.92	346.09	391.69	363.61	336.72	436.86	320.90	371.13
其中：生产用	升	1.22	0.35	0.19					
金额	元	0.90	0.33	0.14					
7.沼气	立方米			0.13	0.06			0.06	
金额	元			0.22	0.10			0.17	
8.煤炭	公斤	1.95	4.82	1.17	4.18	1.54	1.73	0.12	0.25
金额	元	1.42	4.51	1.60	2.91	1.54	1.49	0.31	0.72
9.柴	公担		0.01	0.03	0.22	0.23	0.08	0.12	0.35
金额	元	0.06	0.38	0.14	1.87	4.32	0.62	1.48	9.05
10.草	公担				0.01	0.00	0.00	0.02	0.01
金额	元				0.07	0.00	0.18	0.21	0.24

1-20　昆明市农村常住居民能源消耗情况(2014-2021年)

指标名称	单位	2014	2015	2016	2017	2018	2019	2020	2021
一、能源消费数量									
1.天然气	立方米	0.04	0.21	0.34	0.42	0.06	0.07	0.32	0.97
金额	元	0.29	0.31	0.82	1.56	0.20	0.11	1.06	2.96
2.煤气	立方米	0.82	0.05	0.54	0.21	0.01	0.05	0.11	0.01
金额	元	1.36	0.18	1.09	0.37	0.04	0.08	0.34	0.07
3.液化石油气	公斤	1.97	2.76	3.30	3.81	2.42	1.32	1.83	2.11
金额	元	16.39	16.81	19.29	21.15	16.68	10.21	14.16	11.86
4.汽油	升	32.16	39.21	52.03	54.12	74.46	83.03	83.71	92.80
金额	元	246.07	250.20	295.90	349.16	538.12	575.65	511.03	633.51
其中：生产用	升	31.94	39.11	51.89		0.00			
金额	元	244.22	249.45	295.07		0.00			
5.柴油	升	12.33	12.09	13.86	7.02	6.15	6.80	2.76	0.64
金额	元	91.49	73.78	77.51	43.07	41.70	43.76	16.67	4.29
其中：生产用	升	12.15	12.04	13.77		0.00			
金额	元	89.72	73.48	76.92		0.00			
6.电	度	292.61	324.29	378.34	401.71	368.33	359.95	400.03	298.88
金额	元	147.36	165.55	190.58	191.62	173.85	164.72	178.46	143.38
其中：生产用	升	6.85	10.24	3.92		0.00			
金额	元	4.90	7.25	2.76		0.00			
7.沼气	立方米					0.00	0.01	0.00	
金额	元					0.00	0.04	0.05	
8.煤炭	公斤	49.01	28.83	28.01	15.90	21.66	8.93	30.35	4.04
金额	元	18.74	21.42	21.49	20.10	24.20	15.99	30.36	5.51
9.柴	公担	0.04	0.02	0.02	5.54	4.20	5.04	3.83	4.77
金额	元	2.39	1.48	0.97	50.79	106.00	35.31	31.96	123.55
10.草	公担					0.00	0.00	0.01	0.00
金额	元				0.04	0.10	0.00	0.09	0.13

1-21 昆明市及各县(市、区)全体居民人均可支配收入(2020-2021年)

地 区	单位	2020	2021
昆明市	**元**	**38762**	**42533**
五华区	元	48099	52698
盘龙区	元	48332	52933
官渡区	元	48194	52698
西山区	元	48196	52704
东川区	元	20932	23130
呈贡区	元	39783	43682
晋宁区	元	28849	31683
富民县	元	26494	29126
宜良县	元	28824	31633
石林县	元	28311	30941
嵩明县	元	27879	30678
禄劝县	元	16671	18537
寻甸县	元	17839	19740
安宁市	元	40819	44775

1-22 昆明市及各县(市、区)城镇常住居民人均可支配收入(2014-2021年)

地 区	单位	2014	2015	2016	2017	2018	2019	2020	2021
昆明市	**元**	**31295**	**33955**	**36739**	**39788**	**42988**	**46289**	**48018**	**52523**
五华区	元	32099	34731	37509	40622	43833	47208	48942	53546
盘龙区	元	32056	34716	37528	40680	43975	47405	49177	53781
官渡区	元	32036	34695	37540	40618	43867	47245	48997	53505
西山区	元	32023	34713	37490	40602	43850	47226	49015	53526
东川区	元	23608	25662	27843	30265	32809	35270	36610	40250
呈贡区	元	31720	34352	37100	40105	43320	46699	48427	53126
晋宁区	元	28806	31341	33880	36726	39776	42879	44423	48512
富民县	元	28528	30952	33521	36370	39426	42422	43930	48018
宜良县	元	29124	31629	34223	37166	40178	43352	45015	49124
石林县	元	29512	32080	34678	37556	40636	43724	45213	49370
嵩明县	元	29013	31450	34060	36955	39911	43024	44583	48880
禄劝县	元	23726	25885	28137	30557	33125	35609	36807	40357
寻甸县	元	24861	27099	29430	31990	34646	37244	38634	42182
安宁市	元	31606	34135	36798	39815	42922	46227	48021	52563

1-23 昆明市及各县(市、区)农村常住居民人均可支配收入(2014-2021年)

地 区	单位	2014	2015	2016	2017	2018	2019	2020	2021
昆明市	**元**	**10366**	**11444**	**12555**	**13698**	**14895**	**16356**	**17719**	**19507**
五华区	元	13476	14824	16217	17660	19215	21060	22790	24977
盘龙区	元	13543	14951	16386	17877	19398	21260	22954	25229
官渡区	元	14213	15677	17166	18728	20376	22373	24073	26319
西山区	元	13924	15372	16802	18331	19889	21798	23595	25828
东川区	元	5765	6405	7078	7800	8543	9414	10243	11443
呈贡区	元	13760	15164	16605	18116	19639	21524	23298	25576
晋宁区	元	10913	12081	13253	14512	15776	17290	18679	20560
富民县	元	10148	11244	12346	13482	14656	16078	17374	19104
宜良县	元	10346	11453	12598	13770	14997	16437	17701	19502
石林县	元	10284	11343	12443	13588	14729	16158	17440	19061
嵩明县	元	10040	11124	12236	13386	14565	15978	17239	18972
禄劝县	元	5920	6595	7301	8046	8802	9691	10553	11739
寻甸县	元	6113	6803	7524	8299	9072	9979	10847	12031
安宁市	元	12562	13882	15215	16584	17994	19757	21410	23530

1-24 昆明市及各县(市、区)居民人均消费支出(2021年)

地 区	单位	全体居民	城镇居民(U+UR)	农村居民(R)
昆明市	**元**	**33556**	**41444**	**15376**
五华区	元	41942	42666	19573
盘龙区	元	41557	42353	19621
官渡区	元	42001	42677	21111
西山区	元	42175	42968	20370
东川区	元	18200	31812	8915
呈贡区	元	34920	42367	20622
晋宁区	元	24793	38074	16084
富民县	元	22770	37829	14855
宜良县	元	25049	38982	15446
石林县	元	24327	38854	14921
嵩明县	元	23702	37720	14717
禄劝县	元	14336	31708	8998
寻甸县	元	15641	33740	9553
安宁市	元	35520	41692	18817

主要统计指标解释

一、基本概念

住宅 指人工建造的，有墙、顶、门、窗等结构，具有独立入口，供人居住的房屋或场所。包括单元房、筒子楼、平房、四合院、独栋别墅等普通住宅，也包括工棚、工厂的集体宿舍，餐馆、发廊以及办公室等有人居住的场所。

注意:

①独立入口的本质特征是排他性，独立入口内为独立的生活空间，入口外为公共空间。

②一个单元房一般视为一个住宅，但是多套单元房被打通连成一体时，则视为一个住宅。

③连片平房或筒子楼中，不同门牌号码的房间一般视为不同住宅。在连片平房或筒子楼中，如果一户住两间或多间，则将这几间视为一宅。

④工棚、工厂的集体宿舍、餐馆、发廊等人群集中居住的场所，每个有独立入口的房间，均视为一个住宅。

⑤单栋楼房、平房、四合院或独立院落等能够明确区分多个独立住宅的，要视为多个独立住宅。农村已分家但住在同一院落的，应视为不同住宅。

住户 指居住在一个住宅内，共同分享生活开支或收入的一群人。居住在同一房间内、不共同分享生活开支的人群，每个人都视为一个住户。住家保姆、住家家庭帮工视为单独的住户。

根据居住的状态，可将住户分为家庭居住户和集体居住户。

家庭居住户指的是以家庭成员关系为主，居住在同一住宅内共同生活的住户。注意：同一住宅内有住家保姆或住家家庭帮工的，仍被视为家庭居住。

集体居住户指的是相互没有家庭成员关系，居住在同一房间内，不共同分享生活开支，独立生活的住户。如在工棚、工厂的集体宿舍以及在工作地的集体居住户，每个人都视为一个住户。

住户成员 指居住在一个住宅内，所有与本住户分享生活开支或收入的人员。

还包括:

①由本住户供养的在外学生（包括大中专学生和研究生）;

②未分家的农村外出从业人员和随迁家属，无论其外出时间长短;

③轮流居住的老人;

④因探亲访友、旅游、住医院、培训或出差等原因临时外出的人员。

不包括:

①寄宿者、住家保姆和住家家庭帮工;

②已分家的子女、出嫁人员、挂靠人员;

③本住户不再供养的在外学生（包括大中专学生和研究生）;

④调查时点已应征入伍者;

⑤调查时点的劳教劳改人员。

所有住户成员都是调查对象。

常住成员 指住户成员中，经常在家居住、或者调查期内居住时间超过一半的人员，以及本住户供养的学生。

季度调查的常住成员包括:

①过去三个月已经居住或未来三个月打算居住时间超过 1.5 个月的住户成员。

②过去三个月内每月至少在调查住宅居住一天以上，且没有在其他自有或独自租借的普通住宅中住过的人。或者说，在外与人合住或住在工棚、集体宿舍、工作地或其他临时性住所、又定期回家居住的人，也是本住户常住成员。

③由本住户供养的在校学生（包括大中专学生和研究生）。

常住成员是住户收支的调查对象。

二、收入

可支配收入 指调查户在调查期内获得的、可用于最终消费支出和储蓄的总和，即调查户可以用来自由支配的收入。可支配收入既包括现金，也包括实物收入。按照收入的来源，可支配收入包含四项，分别为：工资性收入、经营净收入、财产净收入和转移净收入。计算公式为:

可支配收入=工资性收入+经营净收入+财产净收入+转移净收入

其中：经营净收入=经营收入-经营费用

-生产性固定资产折旧-生产税

财产净收入=财产性收入-财产性支出

转移净收入=转移性收入-转移性支出

工资性收入 指就业人员通过各种途径得到的全部劳动报酬和各种福利，包括受雇于单位或个人、从事各种自由职业、兼职和零星劳动得到的全部劳动报酬和福利。

工资 指就业人员通过劳动从单位或雇主获取的各种现金报酬，包括按周、按月或按其他间隔定期发放的计时计件劳动报酬；按月、按季度或按年度发放的奖金；按月或其他间隔发放的住房补贴、交通补贴、车改补贴、通讯补贴、冬季取暖费和防暑降温费等；定期或不定期发放的过节费、相当于现金的通用购物卡等；因加班、夜班、在周末或其他私人时间工作而获得的加班工资或专门津贴；因到外地工作、或在不满意的或危险的环境下工作而获得的津贴；在国外工作的出国津贴等；根据国家法律、法规和政策规定，因病、工伤、产假、计划生育假、婚丧假、事假、探亲假、定期休假、停工学习、执行国家或社会义务等原因按计时或计件工资标准的一定比例支付的工资；根据激励制度，与企业整体业绩挂钩而给付的专项奖金或现金奖励；在工作岗位上获得的佣金、赏金或小费。工资应包括各种扣款，如工作单位代扣的应由个人承担的养老保险、医疗保险、失业保险和住房公积金；以及单位在工资中代扣的房租、水费、电费、托儿费、医疗费、借款等，同时把所扣除的各项费用分别计入相应的消费支出或转移性支出中。工资按照收付实现制计算，只要是在调查期内实际得到的工资，无论该工资是补发还是预发，都应归为本期得到的工资收入。本调查期内应得但因拖欠等原因未得到的工资不应计入。工资不包括因员工或员工家属大病、意外伤害、意外死亡等原因支付给员工或其遗属的抚恤金和困难补助金，应该将其列入转移性收入中的社会救济和补助收入。

实物福利 指单位或雇主免费或低价提供给员工的各种实物产品和服务折价。实物福利既包括单位或雇主免费或低价提供的各种实物产品，如米面、植物油、牛奶、水果、糕点、床上用品、日用杂品、手机、自行车、家用电器及配件等；也包括单位或雇主免费或低价提供的各种服务，如免费或低价提供的工作餐（不包括公务招待或出差中的餐饮消费）、住宿、上下班交通工具、停车场、幼儿园、娱乐、健身、旅游和医疗保健服务，以及单位缴纳的水电费、取暖费、物业费、职工子女入学的教育赞助费等。由个人先行付款消费，后由单位或雇主给予报销的款额也视为实物福利。实物福利还包括单位或雇主自身生产过程所生产的货物与服务，如铁路或航空公司提供给员工的免费旅程，采矿企业提供给员工的免费煤炭等。实物福利的估价遵循以下原则：如果产品或服务是单位或雇主购买的，则采用购买者价格对其进行估价；如果产品或服务是单位或雇主自己生产的，则采用生产者价格对其进行估价。如果产品或服务是免费提供给职工的，则实物福利的价值就是所提供产品或服务的全部价值；如果产品或服务是以低于市场价格的价格提供给职工的，则实物福利的价值就是所提供的产品或服务的市场价值与实际支付额之间的差值。实物福利不包括单位或雇主为雇员能够完成工作所给予的实物产品或服务。如雇员为接手新的工作岗位或应雇主的要求，把家搬到本国其他地区或国外所支付的旅费、搬迁费或其他相关费用的报销；如发给雇员的用于工作的服装、工具、设备或其他产品。

其他 指就业人员获取的、除工资以外的其他现金劳动报酬以及单位缴纳的各种社会保障费。包括因裁员得到的一次性辞退金；股份制企业派发或奖励给员工的股票和期权；调动工作的安家费；根据国务院发布的有关规定颁发的创造发明奖、自然科学奖和科学技术进步奖以及支付给运动员、教练员的奖金；个人从事自由职业如写作、翻译、设计等（含兼职或零星劳动）得到的稿费、翻译费、设计费、讲课费、咨询费等劳动报酬。

经营净收入 指住户或住户成员从事生产经营活动所获得的净收入，是全部经营收入中扣除经营费用、生产性固定资产折旧和生产税之后得到的净收入。计算公式具体为：

经营净收入=经营收入-经营费用

-生产性固定资产折旧-生产税

第一产业净收入 指住户或住户成员从事第一产业生产经营活动所获得的净收入，是全部经营收入中扣除经营费用、生产性固定资产折旧和生产税之后得到的净收入。

第一产业是指农业、林业、牧业和渔业（不含农、林、牧、渔专业及辅助性活动）。

第二产业净收入 指住户或住户成员从事第二产业的生产经营活动所获得的净收入，是全部经营收入中扣除经营费用、生产性固定资产折旧和生产税之后得到的净收入。

第二产业是指采矿业（不含开采专业及辅助性活动），制造业（不含金属制品、机械和设备修理业），电力、热力、燃气及水生产和供应业，建筑业。

第三产业净收入 指住户或住户成员从事第三产业生产经营活动所获得的净收入，是全部经营收入中扣除经营费用、生产性固定资产折旧和生产税之后得到的净收入。

第三产业即服务业，是指除第一产业、第二产业以外的其他行业。第三产业包括：批发和零售业，交通运输、仓储和邮政业，住宿和餐饮业，信息传输、软件和信息技术服务业，金融业，房地产业，租赁和商务服务业，科学研究和技术服务业，水利、环境和公共设施管理业，居民服务、修理和其他服务业，教育，卫生和社会工作，文化、体育和娱乐业，公共管理、社会保障和社会组织，国际组织，以及农林牧渔业中的农、林、牧、渔专业及辅助性活动，采矿业中的开采专业及辅助性活动，制造业中的金属制品、机械和设备修理业。

财产净收入 指住户或住户成员将其所拥有的金融资产、住房等非金融资产和自然资源交由其他机构单位、住户或个人支配而获得的回报并扣除相关的费用之后得到的净收入。财产净收入包括利息净收入、红利收入、储蓄性保险净收益、转让承包土地经营权租金净收入、出租房屋净收入、出租其他资产净收入和自有住房折算净租金等。

财产净收入不包括转让资产所有权的溢价所得，这应该计入“非收入所得”。

利息净收入 指利息收入扣除该住户或个人付给债权方的生活性借贷款利息支出后得到的净值。

利息收入是指按照双方事先约定的金融契约条件，借出金融资产（存款、债券、贷款和其他应收账款）的住户或个人从债务方得到的本金之外的附加额。利息收入是应得收入，包括各类定期和活期存款利息、债券利息、个人借款利息等，银行代扣的利息所得税也包括在内。利息与红利的差异：利息一般是预先约定的，与企业的经营状况无关，而红利的多少与企业的经营效益直接有关，一般不预先约定。

红利收入 指住户或个人作为股东将其资金交由公司支配或处置而有权获得的收益。包括股票发行公司按入股数量定期分配的股息、年终分红以及从集体财产入股或其他投资分配得到的股息和红利。股票买卖结算后获得的收益（含亏损）不包含在内，应计入“非收入所得”。

储蓄性保险净收益 指住户或个人参加储蓄性保险，扣除缴纳的保险本金及相关费用后，所获得的保险净收益。不包括保险责任人对保险人给予的保险理赔收入。

转让承包土地经营权租金净收入 指住户将拥有经营权或使用权的土地转让给其他机构单位或个人获得的补偿性收入扣除相关成本支出后得到的净收入。也包括从其他机构单位或个人获得的实物形式的收入。

出租房屋净收入 指住户将自有住房出租给其他机构单位或个人得到的租金回报再扣除相关的维护成本之后得到的净收入。

出租其他资产净收入 指住户将除住房之外的其他资产，包括各种有形资产和无形资产（如生产经营用房、机械设备、专利、专有技术、商标商誉等），交由其他机构单位或个人使用而获得的回报再扣除相关成本支出后得到的净收入。

自有住房折算净租金 指现住房产权为自有住房（含自建住房、自购商品房、自购房改住房、自购保障性住房、拆迁安置房、继承或获赠住房）的住户为自身消费提供住房服务的折算价值扣除折旧后得到的净租金。自有住房折算净租金的计算方法为：自有住房年度折算净租金=自有住房年度折算租金-购建房年度分摊成本。自有住房年度折算租金主要是依据自有住房的市场估值和使用年限进行折算，而购建房年度分摊成本是按照购建房的价格和相应的年折旧率进行计算。由于大多数的农村区域并不存在住房交易市场，难以对其进行估值，一般就认为农村居民的房屋市场价值等同于当年的建房价格，折算后的净租金为零。因此，在实际操作中仅针对城镇居民计算自有住房折算净租金。需要注意，自有住房折算净租金是一种实物收入。

其他财产净收入 指住户所得的除上述以外的其他财产性收入扣除相关的维护成本之后得到的净

收入。如通过在国外购买的土地、矿产等自然资源获得的财产净收入等。

转移净收入 计算公式为: 转移净收入=转移性收入-转移性支出

转移性收入 指国家、单位、社会团体对住户的各种经常性转移支付和住户之间的经常性收入转移。包括养老金或退休金、社会救济和补助、政策性生产补贴、政策性生活补贴、经常性捐赠和赔偿、报销医疗费、住户之间的赡养收入，以及本住户非常住成员寄回带回的收入等。转移性收入不包括住户之间的实物馈赠。

养老金或离退休金 指根据国家有关文件规定或合同约定，在劳动者年老或丧失劳动能力后，根据他们对社会、单位所作的贡献和所具备的享受养老保险资格或退休条件，按月以货币形式或实物产品及服务给予的待遇，主要用于保障因年老或疾病丧失劳动能力的劳动者的基本生活需要。包括离退休人员的养老金或离退休金、生活补贴，农民享有的新型农村养老保险金，城镇居民享有的社会养老保险金，国家或地方政府给予城镇无保障老人的养老金，因工致伤离退休人员的护理费，退休人员异地安家补助费、取暖补贴、医疗费、旅游补贴、书报费、困难补助以及在原工作单位所得的各种其他收入，相当于现金的购物卡券也包含在内。也包括发给的实物和购买指定物品的票证、购物卡券，应同时计入相应的实物产品和服务项目中。

社会救济和补助 指国家、机关企事业单位、社会团体和个人对各类特殊家庭、人员提供的特别津贴。包括国家对享受城镇居民最低生活保障待遇的家庭发放的最低生活保障金、对农村五保户发放的五保救助金、国家和社会及机构单位对特殊困难家庭给予的困难补助、救灾款、国家或机构单位向由于失去工作能力或意外死亡等原因而失去工作的职工或其遗属定期发放的抚恤金等。也包括发给的实物和购买指定物品的票证、购物卡券，应同时计入相应的实物产品和服务项目中。

政策性生活补贴 指根据国家的有关规定，中央财政、各级地方财政给予家庭的相关政策性生活补贴。包括家电下乡和以旧换新等家电补贴、能源补贴、给农村寄宿制中小学生的生活补贴等；也包括其他低价或免费提供的实物产品和服务，如廉租房等。

转移性支出 指调查户对国家、单位、住户或个人的经常性或义务性转移支付。包括缴纳的税款、各项社会保障支出、赡养支出、经常性捐赠和赔偿支出以及其他经常转移支出等。

个人所得税 指调查对象被扣缴的工资薪金所得、对企事业单位的承包经营承租经营所得、个体工商户的生产经营所得、劳务报酬所得、稿酬所得、特许权使用费所得、利息股息红利所得、财产租赁所得、财产转让所得、偶然所得、经国务院财政部门确定征税的其他所得等个人所得的税款。生产税、消费税不在其内。

社会保障支出 指调查户家庭成员参加国家法律、法规规定的社会保障项目中由单位和个人共同缴纳的保障支出。包括养老保险、医疗保险、失业保险、工伤保险、生育保险以及其他社会保障支出。

外来从业人员寄给家人的支出 指从业人员寄回带回其户口登记地家庭的支出。

赡养支出 指调查户因赡养和抚养义务而付给亲友的经常性现金和定期的实物支出。现金赡养支出应按实际发生的金额计算，不论是从报告期收入中开支的，还是从银行存款、手存现金以及其他所得中开支的，均应包含在内。

其他经常转移支出 指除缴纳的税款、社会保障支出、赡养支出以外的其他经常性转移支出。如经常性捐赠支出；经常性赔偿支出；各种罚款，如交通罚款；政府部门向居民提供服务收取的服务费，如迁户口的办理费、办理身份证费；缴纳工会费、党费、团费以及学会团体组织费等。

三、消费

消费支出 指住户用于满足家庭日常生活消费需要的全部支出，包括用于消费品的支出和用于服务性消费的支出。根据用途不同，消费支出可划分为食品烟酒、衣着、居住、生活用品及服务、交通通信、教育文化娱乐、医疗保健、其他用品及服务八大类。根据来源不同，消费支出可划分为现金消费支出、实物消费支出（含自产自用、来自单位、来自政府和其他社会组织）。

食品烟酒 指用于各种食品和烟草、酒类的支出，包括食品和烟酒两个中类。

饮食服务 包括食堂用餐、其他在外饮食和食品加工服务费。

食堂用餐 指在单位食堂、单位附近或居住地附近的食堂用餐的支出。

其他在外饮食 指在家庭和食堂以外地点的自费用餐支出，即包括在外面饭馆、小吃部、小卖部、茶馆、饮食摊内吃饭、喝茶、吃冷饮时消费各种食品的费用支出，也包括在亲友家用餐支付的支出。不包括在这些地方所购买的烟草（烟草类）。

食品加工服务费 指用于食品加工所支付的加工服务费，包括磨粉、爆米花、炒花生、做糕点等费用。

衣着 指与居民穿着有关的支出，包括服装、服装材料、鞋类、其他衣类及配件、衣着相关加工服务的支出。

居住 指与居住有关的支出，包括房租、水、电、燃料、物业管理等方面的支出，也包括自有住房折算租金。

租赁房房租 指调查户租赁公房或私房实际支付的房租。

自有住房折算租金 指现住房为自有住房（含自建住房、自购商品房、自购房改住房、自购保障性住房、拆迁安置房、继承或获赠住房）的住户为自身消费提供住房服务的折算价值。提供的住房服务价值一般等于在市场上租用同样大小、质量和类型的房屋所要支付的租金。考虑到很多地方还不存在规范和成熟的房屋租赁市场，目前自有住房折算租金采用折旧法计算。具体方法是：自有住房折算租金=自有住房市场现价估值×年折旧率（城乡不同）。自有住房折算租金属于实物消费，不包括在现金消费支出中。

生活用品及服务 指家庭及个人的各类生活品及家庭服务。包括家具及室内装饰品、家用器具、家用纺织品、家庭日用杂品、个人用品和家庭服务。

家用器具 包括家庭使用的各种耐用消费品和小家电。

耐用消费品 指家庭使用的各类大型器具和电器，不包括文娱用家电（文娱耐用消费品）。包括冰箱、冷饮机、空调、洗衣机、吸尘器、干衣机、微波炉、洗碗机、消毒碗柜、炊具、炉灶、热水器、取暖器、保险柜、缝纫机等。

家庭服务 指家政服务支出及家庭设备用品的加工维修费用。

交通和通信 指用于交通和通信工具及相关的各种服务费、维修费和车辆保险等支出。

交通 指购置交通工具及零配件、支付各种交通费、修理服务费、油料费和车辆保险等支出。

交通工具 指家庭购买家用汽车、摩托车、自行车及其他家庭交通工具的支出。不包括购买经营用交通工具的支出。

交通费 指家庭成员乘坐各种交通工具所支付的交通费。不包括因公出差暂由个人垫付的交通费。

交通工具用燃料 指用于家庭交通工具的燃料。包括汽油、柴油、电瓶以及电瓶充电费。

交通工具使用及维修 包括交通工具零配件和维修、停车费、车辆使用税费、车辆保险支出、交通工具使用维修支出。

通信 指家庭用于通信方面的全部支出。包括通信工具、电话费、邮费及其他通信费用。

通信工具 指购买各种通信工具所支付的费用。包括固定电话机、移动电话机、寻呼机、传真机等。

通信服务 指家庭用于电话费、电话初装费、入网费、电信费、邮费等方面的服务支出。

教育、文化和娱乐 指用于教育和文化娱乐方面的支出。

教育 指按一定的目的要求，对受教育者的德育、智育、体育、爱好、技能等诸方面施以影响的一种有计划的活动，与这一活动直接相关的支出即为教育支出。包括学杂费、培训费、赞助费、一揽子教育服务、教育用品等。可按阶段分为学前教育、小学教育、初中教育、高中教育、中专职高教育、大专及以上教育、其他教育和培训 7 个阶段。

文化和娱乐 包括文娱耐用消费品、其他文娱用品和文化娱乐服务。

文娱耐用消费品 包括各种音像、摄影和信息处理设备，如彩色电视机、照相机、摄像机、组合音响、家用计算机，也包括中高档乐器、健身器材等，还包括文娱耐用消费品的零配件和维修。

其他文娱用品 包括除教材及参考书以外的各种书报杂志及音像制品、文具纸张、休育户外用品、玩具、用于花鸟虫鱼等业余爱好的相关用品、宠物及宠物用品等其他文娱用品，也包括以上文娱用品的维修支出。

文化娱乐服务 指和文化娱乐活动有关的各种服务费用。包括团体旅游、景点门票、体育健身活动、电影、话剧、演出票、有线电视费以及其他文化娱乐服务支出。

医疗保健　指用于医疗和保健的药品、用品和服务的总费用。包括医疗器具及药品，以及医疗服务。

医疗器具及药品　包括药品、滋补保健品、医疗卫生器具及用品和保健器具。

医疗服务　包括门诊和住院的医疗总费用。其中包括从各种医疗保险或其他医疗救助计划中获得的医药费和医疗费的报销款额。报销医疗费应按收付实现制记录，即仅当医疗费报销到手时才计入。

门诊医疗费包括全科医生或专科医生、医务辅助人员及附属人员提供给门诊病人的医疗和保健服务，这些服务可在家中、个人或团体诊所、医务室或门诊部等地方提供，包括挂号费、诊疗费、注射费、手术费、透视费、镶牙费、出诊费、送药费、陪侍费、住院费、救护车费等，还包括提供给门诊病人的药物、医疗器械和设备及其他保健产品。住院医疗费指病人在治疗过程中住在医院内，涵盖综合和专科医院的服务。不包括专门提供门诊治疗的手术室、门诊部和药房等所提供的服务。

其他用品及服务　指无法直接归入上述各类支出的其他用品与服务支出。

其他用品　指七大类支出以外的各种其他用品。包括首饰、手表和其他杂项用品。

其他服务　指用于个人消费中的服务费，包括旅馆住宿费、美容美发洗浴、其他杂项服务。无法归入七大类服务支出的其他各项服务支出，如迷信服务费、丧葬费、请律师的诉讼费、公证费、房地产中介服务费等也包含在内。

二 价格调查

简要说明

一、本篇资料的主要内容

本篇价格指数资料，反映生产、流通、消费与投资等环节的价格变动趋势和变动幅度。主要包括居民消费价格指数、商品零售价格指数、工业生产者出厂价格指数、工业生产者购进价格指数、固定资产投资价格指数等。

二、本篇的资料来源

价格指数编制由国家统计局组织实施，国家统计局各调查总队及抽中市、县调查队依据国家统计局统一制定的价格统计调查制度从基层采集原始数据汇总后上报。

三、居民消费、商品零售价格调查

编制居民消费、商品零售价格指数的资料采用抽样调查和重点调查相结合的方法取得，即在全国选择不同经济区域和分布合理的地区，以及有代表性的商品作为样本，对其市场价格进行定期调查。编制过程按下列几个步骤进行:

1. 选择调查地区和调查点。调查地区按照经济区域和地区分布合理等原则，选出具有代表性的大、中、小城市和县作为国家的调查地区，在此基础上选定经营规模大、商品种类多的商场(包括集市和服务网点)作为调查点。

2. 选择代表规格品。代表规格品是选择消费量大、价格变动有代表性的商品；代表规格品的确定是根据商品零售资料和全国城镇、农村住户调查户的消费支出记账资料，按照有关规定筛选的。筛选原则：(1)与社会生产和人民生活关系密切；(2)消费(销售)数量(金额)大；(3)市场供应稳定；(4)价格变动趋势有代表性；(5)所选的代表规格品之间差异大。

目前，居民消费价格调查按用途划分为 8 大类，268 个基本分类，各城市每月调查 1000 种以上的规格品价格；商品零售价格按用途划分为 16 个大类，197 个基本分类，各地每月调查 800 种以上的规格品价格。

3. 居民消费价格调查方式。主要方法是定人、定点、定时应用手持电子采价器直接调查。

4. 权数的确定。商品零售价格指数的权数主要根据社会商品零售额资料确定;居民消费价格指数的权数主要根据城乡居民家庭消费支出构成确定。

2-1 各种价格总指数(2008-2021年)

(上年价格=100)

年份	居民消费价格总指数	商品零售价格总指数	工业生产者出厂价格指数	工业生产者购进价格指数
2008	105.8	105.4		
2009	100.8	100.0		
2010	104.2	103.6		
2011	104.9	104.9	104.6	109.6
2012	103.1	102.0	99.2	96.8
2013	103.9	102.5	97.9	96.5
2014	103.1	101.8	97.3	97.9
2015	102.4	100.7	94.8	94.4
2016	101.7	100.8	97.8	97.6
2017	100.5	101.3	107.8	109.4
2018	101.7	101.1	103.8	102.6
2019	102.3	101.5	100.6	98.7
2020	103.1	102.3	100.1	96.6
2021	100.2	101.5		

2-2 各种价格定基指数(2011-2021年)

年 份	居民消费 价格总指数	商品零售 价格指数
2011	107.3	106.8
2012	109.7	107.8
2013	112.9	109.8
2014	117.5	112.1
2015	119.6	112.9
2016	102.0	101.2
2017	102.6	102.7
2018	105.2	103.5
2019	109.4	107.5
2020	109.7	107.4
2021	100.2	102.0

注：2011-2015年的定基指数为2010年价格=100；
2016-2021年的定基指数为2015年价格=100。

2-3 居民消费价格分类指数

（上年价格=100）

项　目	2021
居民消费价格指数	**100.2**
一、食品烟酒	97.8
1.食品	95.6
(1)粮食	99.3
大 米	97.9
面 粉	98.3
其他粮食	103.1
粮食制品	100.6
(2)薯类	99.7
(3)豆类	105.1
干 豆	103.2
豆 制 品	105.1
(4)食用油	105.2
食用植物油	109.4
食用动物油	86.1
(5)菜及食用菌	100.3
鲜 菜	100.8
鲜 菌	97.6
干菜干菌及制品	101.2
(6)畜肉类	80.8
猪 肉	66.8
牛 肉	104.9
羊 肉	101.8
其他畜肉及副产品	82.3
畜肉制品	100.7
(7)禽肉类	99.2
鸡	98.3

2-3 续表 1

(上年价格=100)

项 目	2021
鸭	103.8
其他禽肉及制品	100.3
(8)水产品	106.4
淡 水 鱼	116.4
海 水 鱼	105.6
虾 蟹 类	98.4
其他水产品及制品	101.6
(9)蛋类	107.3
鸡 蛋	107.4
其他蛋及制品	106.5
(10)奶类	99.6
鲜 奶	98.2
酸 奶	98.1
奶 粉	99.9
其他奶制品	106.2
(11)干鲜瓜果类	97.1
鲜 果	96.2
坚 果	101.4
瓜果制品	93.3
(12)糖果糕点类	103.0
食 糖	102.4
糖 果	110.7
糕 点	101.5
其他糖果糕点	106.6
(13)调味品	102.4
食 用 盐	107.9
酱 油	100.8
食 醋	97.9

2-3 续表 2

(上年价格=100)

项　　目	2021
增 味 剂	105.2
其他调味品	100.1
(14)其他食品类	101.9
方便食品	99.5
淀粉及制品	106.4
其他食品	108.7
2.茶及饮料	105.7
茶 叶	100.0
固体咖啡	95.9
其他固体饮料	102.8
饮 用 水	119.8
果汁饮料	99.8
其他液体饮料	100.0
3.烟酒	101.4
(1)卷烟	101.5
(2)酒类	100.9
白 酒	100.2
葡 萄 酒	102.7
啤 酒	103.7
其他酒类	99.4
4.在外餐饮	100.6
餐馆餐饮	100.0
饮品店餐饮	103.2
外 卖	103.2
其他在外餐饮	103.6
二、衣着	100.2
1.服装	100.6
(1)男式服装	102.0

2-3 续表 3

(上年价格=100)

项 目	2021
男式外套	104.0
男式针织衫	104.6
男式衬衫T恤	98.5
男式裤子	96.7
男式内衣	101.5
(2)女式服装	99.9
女式外套	100.3
女式针织衫	94.9
女式衬衫T恤	101.2
女式裤子	98.2
女式裙子	103.5
女式内衣	100.1
(3)儿童服装	101.2
婴儿服装	100.9
儿童上衣	102.7
儿童裤子	99.7
儿童裙子	103.0
儿童内衣	100.6
(4)衣着材料及配件	99.5
袜 子	100.0
帽 子	105.3
其他衣着材料及配件	98.4
(5)衣着服务费	101.8
衣着洗涤保养	99.4
其他衣着服务	104.8
2.鞋类	98.6
(1)鞋	98.6
男 鞋	98.4

2-3 续表 4

(上年价格=100)

项目	2021
女鞋	97.8
童鞋	101.7
(2)鞋类服务	100.0
三、居住	100.7
1.租赁房房租	99.9
公房房租	100.0
私房房租	99.9
2.住房保养维修及管理	101.5
(1)住房装潢材料	102.1
木地板	92.9
瓷砖	97.6
水泥	109.5
涂料	96.2
板材	100.0
管材	107.3
厨卫设备	104.8
门窗	119.0
其他住房装潢材料	103.0
(2)住房维修管理费用	100.9
物业管理费	100.0
装潢维修费	102.0
其他住房费用	100.0
3.水电燃料	105.4
(1)水	121.7
(2)电	100.0
(3)燃气	105.3
管道燃气	100.0
液化石油气	123.8

2-3 续表 5

(上年价格=100)

项　　目	2021
(4)其他水电燃料类	104.7
4.自有住房	99.9
四、生活用品及服务	99.3
1.家具及室内装饰品	100.0
(1)家具	100.1
柜	100.0
床	100.0
桌	100.0
椅	100.0
沙 发	100.2
其他家具	100.0
(2)室内装饰品	99.4
灯 具	99.1
其他室内装饰品	100.0
2.家用器具	97.8
(1)大型家用器具	98.1
洗 衣 机	97.9
电冰箱(柜)	99.0
抽油烟机	101.8
空 调 器	92.8
热 水 器	97.0
炉具灶具	100.7
吸 尘 器	93.3
空气净化器	96.1
净 水 器	94.1
其他大型家用器具	97.5
(2)小家电	96.9
厨房小家电	93.6
生活小家电	104.8

2-3 续表 6

(上年价格=100)

项　　目	2021
3.家用纺织品	98.7
(1)床上用品	98.5
被 子	98.1
床单被套	98.3
其他床上用品	99.2
(2)窗帘门帘	99.6
(3)其他家用纺织品	100.0
4.家庭日用杂品	99.7
(1)洗涤卫生用品	100.4
清洗用品	100.5
清洁用具	100.0
清洁用纸	100.4
(2)厨具餐具茶具	98.0
厨 具	96.3
餐 具	97.9
茶 具	101.4
(3)其他家庭日用杂品	99.8
配电附件	100.0
雨 具	99.3
其他日用杂品	100.0
5.个人护理用品	99.2
(1)化妆品	99.2
清洁化妆品	99.2
护肤化妆品	99.6
彩妆化妆品	98.2
化妆器具	98.8
(2)其他护理用品类	99.1

2-3 续表 7

(上年价格=100)

项　　目	2021
清洁类护理用品	98.6
护发美发用品	99.2
护理器具	98.6
其他护理用品	100.0
6.家庭服务	101.3
家政服务	100.2
母婴护理服务	100.0
家庭维修服务	103.2
其他家庭服务	103.1
五、交通通信	104.6
1.交通	105.7
(1)交通工具	99.9
燃油小汽车	100.0
新能源小汽车	97.6
电动自行车	99.8
自 行 车	101.5
其他交通工具	99.3
(2)交通工具用燃料	117.0
汽 油	117.2
柴 油	119.1
其他车用能源	98.6
(3)交通工具使用和维修	99.9
停 车 费	99.8
车辆使用费	100.0
交通工具零配件	100.0
车辆修理与保养	100.0
(4)交通费	104.4
市内公共交通	100.0

2-3 续表 8

(上年价格=100)

项　　目	2021
出租汽车	100.0
飞 机 票	113.5
火 车 票	100.0
长途汽车	100.0
网 约 车	99.9
交通工具租赁费	97.9
其他交通费	100.1
2.通信	101.3
(1)通信工具	104.3
电 话 机	104.4
其他通信工具及零配件	103.8
(2)通信服务	100.0
电 话 费	100.0
家庭宽带服务	100.0
其他通信服务	98.3
(3)邮递服务	100.0
六、教育文化娱乐	99.7
1.教育	97.3
(1)教育用品	102.7
工 具 书	110.1
教 材	110.6
参考资料	102.6
其他教育用品	90.8
(2)教育服务	97.1
幼儿早期教育	101.9
学前教育	100.7
小学初中教育	100.8

2-3 续表 9

(上年价格=100)

项　　目	2021
高中中职教育	100.0
高等教育	100.0
课外教育	82.2
专业技能培训	101.9
其他教育服务	100.0
2.文化娱乐	102.9
(1)文娱耐用消费品	99.5
电 视 机	98.0
照 相 机	104.4
台式计算机	94.5
笔记本电脑	102.2
平板电脑	100.0
乐 器	101.6
音 响	101.5
可穿戴智能设备	99.4
其他文娱耐用消费品	105.0
(2)其他文娱用品	99.5
书报杂志及音像制品	100.0
纸张文具	100.0
体育户外用品	95.7
游戏用品和玩具	95.2
园艺花卉及用品	99.1
宠物及用品	104.1
其他文化娱乐用品	100.0
(3)文化娱乐服务	105.3
电影及演出票	97.0
景点门票	116.3

2-3 续表 10

(上年价格=100)

项　　目	2021
电视服务	100.0
健身活动	101.6
宠物服务	100.0
网络文娱服务	108.0
儿童娱乐项目	93.9
其他文娱服务	105.1
(4)旅游	102.9
旅行社收费	103.4
其他旅游	99.9
七、医疗保健	100.5
1.药品及医疗器具	100.1
(1)中药	101.0
中 药 材	104.1
中 成 药	100.0
(2)西药	100.0
抗微生物药	105.5
消化系统用药	98.9
呼吸系统用药	98.5
解热镇痛药	98.8
抗肿瘤药	100.0
激素及影响内分泌药	99.3
心血管系统用药	98.3
血液系统用药	118.4
治疗精神障碍药	77.7
神经系统用药	100.6
泌尿系统用药	103.8
维生素、矿物质类药	100.0

2-3 续表 11

(上年价格=100)

项　目	2021
调节水、电解质及酸碱平衡药	100.1
其他西药	100.0
(3)滋补保健品	97.7
(4)医疗卫生器具	105.0
(5)保健器具	98.8
2.医疗服务	100.7
(1)综合医疗类	102.1
一般医疗服务	104.4
一般治疗操作	101.4
护 理	100.9
其他综合医疗服务	100.0
(2)诊断类	100.1
病理学诊断	104.5
实验室诊断	100.0
影像学诊断	100.0
临床诊断	100.0
(3)治疗类	100.5
临床手术治疗	101.6
临床非手术治疗	100.0
(4)康复类	100.0
(5)中医医疗服务类	101.3
(6)其他医疗保健服务	101.3
八、其他用品及服务	100.2
1.其他用品	98.5
(1)首饰手表	97.6
金 饰 品	92.8
银 饰 品	98.6

2-3 续表 12

(上年价格=100)

项 目	2021
铂金饰品	110.2
手 表	102.3
(2)母婴用品	99.0
母婴洗护喂养用品	99.6
其他母婴用品	97.4
(3)其他杂项用品	99.5
箱 包	100.4
眼 镜	98.4
2.其他服务	101.9
(1)在外住宿	104.4
宾馆住宿	98.5
其他住宿	131.7
(2)美容美发洗浴	103.4
美 容	104.0
美 发	98.5
洗 浴	107.7
(3)养老服务	107.9
(4)金融及保险服务	98.2
金融服务	104.0
车辆保险	94.3
旅行保险	100.0
其他保险	100.0
(5)中介法律及其他服务	100.0
中介服务	100.0
法律服务	100.0
其他杂项服务	100.0

2-4 云南省居民消费价格分类指数(2021年)

(上年价格=100)

项　　目	云南省		
	合计	城市	农村
居民消费价格指数	**100.2**	**100.2**	**100.2**
一、食品烟酒	98.4	98.3	98.6
1.食品	96.4	96.1	97.1
(1)粮食	101.2	100.8	101.7
(2)薯类	101.8	100.3	103.4
(3)豆类	104.9	105.9	103.7
(4)食用油	100.4	103.0	96.9
(5)菜及食用菌	101.9	101.3	103.5
(6)畜肉类	81.4	81.4	81.6
(7)禽肉类	99.2	98.4	101.3
(8)水产品	109.7	109.1	111.3
(9)蛋类	107.6	105.7	110.7
(10)奶类	100.3	100.2	100.4
(11)干鲜瓜果类	99.7	97.6	104.3
(12)糖果糕点类	101.6	102.2	100.4
(13)调味品	101.5	102.0	100.8
(14)其他食品类	100.3	100.4	100.0
2.茶及饮料	101.6	102.4	100.3
3.烟酒	101.2	101.2	101.1
(1)卷烟	101.1	101.1	101.2
(2)酒类	101.4	102.0	100.8
4.在外餐饮	102.3	102.1	103.2
二、衣着	99.7	99.5	100.0
1.服装	99.8	99.7	100.0
(1)男式服装	100.1	100.0	100.2
(2)女式服装	99.6	99.4	100.0

2-4 续表 1

（上年价格=100）

项　　目	云南省		
	合计	城市	农村
(3)儿童服装	99.7	99.7	99.6
(4)衣着材料及配件	99.9	99.8	100.0
(5)衣着服务费	101.7	101.1	102.8
2.鞋类	99.3	98.9	100.0
(1)鞋	99.2	98.9	100.0
(2)鞋类服务	101.6	100.4	104.7
三、居住	100.2	100.6	99.5
1.租赁房房租	99.5	100.0	98.1
2.住房保养维修及管理	102.2	102.0	102.6
(1)住房装潢材料	101.8	101.4	102.8
(2)住房维修管理费用	102.6	102.8	102.5
3.水电燃料	102.0	102.6	100.8
(1)水	108.3	109.9	100.3
(2)电	100.0	100.0	100.0
(3)燃气	103.9	103.7	104.2
(4)其他水电燃料类	102.2	102.7	101.4
4.自有住房	99.5	99.9	98.4
四、生活用品及服务	99.6	99.6	99.6
1.家具及室内装饰品	98.8	99.4	97.8
(1)家具	98.7	99.3	97.5
(2)室内装饰品	99.8	99.8	99.8
2.家用器具	99.8	99.3	100.8
(1)大型家用器具	99.5	99.1	100.5
(2)小家电	100.7	100.0	102.4
3.家用纺织品	99.8	99.6	100.1
(1)床上用品	99.6	99.3	100.3
(2)窗帘门帘	100.6	101.2	99.8

2-4 续表 2

(上年价格=100)

项目	云南省		
	合计	城市	农村
(3)其他家用纺织品	100.2	100.5	99.1
4.家庭日用杂品	99.9	99.9	99.7
(1)洗涤卫生用品	100.3	100.2	100.4
(2)厨具餐具茶具	97.6	97.5	97.8
(3)其他家庭日用杂品	100.5	100.7	100.0
5.个人护理用品	99.1	99.0	99.1
(1)化妆品	98.6	98.7	97.6
(2)其他护理用品类	99.5	99.4	99.7
6.家庭服务	101.9	101.5	103.9
五、交通通信	103.6	103.7	103.5
1.交通	104.6	104.6	104.6
(1)交通工具	99.1	99.1	99.2
(2)交通工具用燃料	116.8	116.9	116.7
(3)交通工具使用和维修	100.5	100.4	100.7
(4)交通费	102.9	103.8	100.5
2.通信	100.6	100.6	100.6
(1)通信工具	102.3	102.6	101.8
(2)通信服务	99.9	99.9	100.0
(3)邮递服务	99.9	99.6	101.3
六、教育文化娱乐	100.7	100.3	101.6
1.教育	100.1	99.4	101.3
(1)教育用品	102.6	101.1	105.6
(2)教育服务	99.9	99.3	101.1
2.文化娱乐	101.8	101.6	102.5
(1)文娱耐用消费品	103.0	101.2	107.0
(2)其他文娱用品	100.5	100.6	100.3
(3)文化娱乐服务	103.2	103.5	101.4
(4)旅游	100.8	100.6	101.4

2-4 续表 3

(上年价格=100)

项　　目	云南省		
	合计	城市	农村
七、医疗保健	100.1	100.3	99.7
1.药品及医疗器具	100.0	100.2	99.5
(1)中药	101.5	101.0	102.9
(2)西药	99.7	100.1	98.7
(3)滋补保健品	98.9	98.6	99.9
(4)医疗卫生器具	99.6	101.8	92.8
(5)保健器具	99.3	98.9	100.2
2.医疗服务	100.2	100.4	99.7
(1)综合医疗类	100.4	101.4	98.7
(2)诊断类	99.8	99.8	100.0
(3)治疗类	100.7	101.0	100.0
(4)康复类	99.9	99.9	100.0
(5)中医医疗服务类	100.4	100.6	100.0
(6)其他医疗保健服务	100.1	100.1	100.0
八、其他用品及服务	100.0	100.0	99.8
1.其他用品	99.8	99.3	101.0
(1)首饰手表	100.7	99.8	104.7
(2)母婴用品	98.4	98.4	98.3
(3)其他杂项用品	100.0	99.6	100.6
2.其他服务	100.2	100.7	98.1
(1)在外住宿	102.3	102.8	99.6
(2)美容美发洗浴	101.9	102.0	101.1
(3)养老服务	104.3	104.6	102.6
(4)金融及保险服务	96.4	96.8	94.9
(5)中介法律及其他服务	101.0	101.3	100.3

2-5 云南省和昆明市商品零售价格指数(2021年)

(上年价格=100)

项目	云南省			昆明市
	合计	城市	农村	城市
商品零售价格总指数	**101.4**	**101.4**	**101.9**	**101.5**
一、食品	97.7	97.5	98.5	97.0
二、饮料、烟酒	101.7	101.8	101.0	102.5
三、服装、鞋帽	99.4	99.3	100.3	99.9
四、纺织品	99.8	99.6	100.5	98.6
五、家用电器及音像器材	100.3	100.0	102.8	99.6
六、文化办公用品	101.7	101.7	101.8	99.8
七、日用品	99.8	99.7	100.0	99.8
八、体育娱乐用品	100.0	100.0	100.4	99.6
九、交通、通信用品	100.2	100.2	100.4	101.1
十、家具	99.6	99.6	99.8	100.1
十一、化妆品	99.0	99.0	99.0	99.2
十二、金银珠宝	100.5	100.3	102.2	98.6
十三、中西药品及医疗保健用品	100.2	100.3	99.6	100.2
十四、书报杂志及电子出版物	101.8	101.4	105.3	101.4
十五、燃料	113.4	113.7	111.7	116.5
十六、建筑材料及五金电料	101.9	101.7	103.2	101.8

2-6 商品零售价格分类指数(2021年)

(上年价格=100)

项 目	2021
商品零售价格指数	**101.5**
一、食品	97.0
1.粮食	99.3
2.薯类	99.7
3.豆类	105.1
4.食用油	105.4
5.菜及食用菌	100.3
6.畜肉类	80.7
7.禽肉类	99.0
8.水产品	105.9
9.蛋类	107.3
10.奶类	99.6
11.干鲜瓜果类	96.9
12.糖果糕点类	103.1
13.调味品	102.7
14.其他食品类	101.4
15.餐饮业零售	100.4
二、饮料、烟酒	102.5
1.茶及饮料	105.7
2.卷烟	101.5
3.酒类	100.8
三、服装、鞋帽	99.9
1.服装	100.7

2-6 续表 1

(上年价格=100)

项　目	2021
(1)男士服装	102.8
(2)女士服装	100.0
(3)儿童服装	101.2
2.鞋帽袜	98.7
(1)鞋	98.1
(2)袜子	100.0
(3)帽子	105.3
3.其他衣着配件	98.4
四、纺织品	98.6
1.服装材料	100.0
2.床上用品	98.5
五、家用电器及音像器材	99.6
1.家庭设备	97.9
2.文娱用耐用消费品	101.1
3.专业音像器材	103.5
六、文化办公用品	99.8
七、日用品	99.8
1.日用百货	99.5
2.厨具餐具茶具	98.0
3.清洗用品	100.5
4.其他日用品	99.5
八、体育娱乐用品	99.6
1.体育户外用品	95.7
2.娱乐用品	100.2

2-6 续表 2

(上年价格=100)

项 目	2021
九、交通、通信用品	101.1
1.交通运输机械	100.7
2.通信器材	105.0
十、家具	100.1
十一、化妆品	99.2
十二、金银饰品	98.6
十三、中西药品及医疗保健用品	100.2
1.医疗卫生器具	105.0
2.中药	101.0
3.西药	100.1
4.保健器具及用品	98.0
十四、书报杂志及电子出版物	101.4
1.教材及参考书	102.8
2.书报杂志及音像制品	100.0
3.计算机办公软件	100.0
十五、燃料	116.5
1.煤炭及制品	128.8
2.石油及制品	115.8
十六、建筑材料及五金电料	101.8
1.建筑装潢材料	102.0
2.五金水暖	100.5

2－7　分月居民消费

项　　目	1月	2月	3月	4月	5月
居民消费价格指数	**99.1**	**98.9**	**100.0**	**100.8**	**101.1**
非食品烟酒价格指数	98.4	98.8	100.4	101.5	101.8
食品(10版口径)指数	101.1	98.8	98.6	98.7	98.8
非食品(10版口径)指数	98.5	98.9	100.4	101.5	101.8
服务价格指数	98.2	98.5	99.4	100.5	100.8
消费品价格指数	99.7	99.2	100.4	101.1	101.2
一、食品烟酒	101.0	99.0	98.8	99.0	99.2
1.食品	101.0	97.6	97.7	98.0	98.0
(1)粮食	98.5	98.6	100.3	99.8	100.9
(2)薯类	106.2	98.8	104.5	102.0	94.8
(3)豆类	103.7	107.2	105.7	104.8	104.0
(4)食用油	107.5	108.7	105.4	107.3	107.3
(5)菜及食用菌	98.8	97.4	97.5	98.9	101.8
(6)畜肉类	106.5	95.1	93.6	89.6	87.5
(7)禽肉类	99.6	99.4	97.5	97.4	98.5
(8)水产品	98.3	101.1	101.6	106.8	108.8
(9)蛋类	95.7	98.6	101.1	103.0	107.0
(10)奶类	103.8	100.2	99.0	100.4	100.6
(11)干鲜瓜果类	93.6	91.5	93.4	99.5	97.3
(12)糖果糕点类	101.9	102.5	103.6	104.0	104.0
(13)调味品	100.0	102.0	103.4	103.0	101.7
(14)其他食品类	101.0	101.4	101.1	101.0	101.3
2.茶及饮料	104.7	103.7	103.8	105.8	108.2
3.烟酒	100.3	100.5	100.4	100.7	101.8
(1)卷烟	100.0	100.0	100.0	100.7	102.1
(2)酒类	103.4	105.4	104.6	100.5	99.4
4.在外餐饮	101.0	101.2	100.4	99.6	99.8
二、衣着	98.4	97.9	100.1	101.8	101.3
1.服装	99.0	98.3	100.9	102.6	101.9
(1)男式服装	98.3	97.6	104.2	108.8	106.3
(2)女式服装	99.5	98.6	100.4	99.2	99.4
(3)儿童服装	97.4	97.4	97.4	105.9	104.5
(4)衣着材料及配件	101.2	101.2	101.2	101.2	101.2
(5)衣着服务费	100.0	100.0	100.0	100.0	100.0
2.鞋类	96.3	96.3	97.2	98.8	98.8
(1)鞋	96.2	96.2	97.1	98.8	98.8
(2)鞋类服务	100.0	100.0	100.0	100.0	100.0

价格指数(2021年，同比)

6月	7月	8月	9月	10月	11月	12月
101.0	**100.9**	**100.0**	**100.0**	**100.1**	**100.7**	**100.3**
101.8	102.4	101.7	102.0	102.0	101.7	101.1
98.5	96.3	94.5	93.8	94.3	97.5	97.4
101.8	102.4	101.7	102.0	102.0	101.7	101.1
100.6	101.6	101.0	101.3	100.8	100.4	100.2
101.3	100.4	99.3	99.1	99.6	100.9	100.3
98.9	96.9	95.3	94.8	95.1	98.0	98.0
97.4	94.0	91.7	90.3	91.0	95.3	95.5
100.5	98.8	98.7	98.2	98.3	98.2	100.9
95.2	96.3	95.2	89.5	96.7	109.7	107.9
104.3	104.1	107.0	105.3	106.4	100.8	107.6
105.9	104.7	101.9	102.5	102.0	104.1	105.4
106.8	102.9	99.1	96.0	96.7	106.2	102.3
80.1	71.7	66.4	64.2	65.4	75.1	76.2
99.8	98.5	99.1	100.0	99.1	101.0	100.8
112.2	112.8	111.4	110.3	106.1	104.0	104.4
111.2	112.2	113.4	111.7	110.5	113.8	111.5
99.9	99.7	100.5	97.5	97.7	97.5	98.5
98.7	98.3	98.1	98.3	100.7	97.8	98.9
103.7	103.6	102.2	103.1	102.2	103.3	102.1
101.9	102.9	103.1	103.4	103.0	102.6	101.6
102.8	102.6	103.7	101.5	101.9	102.3	102.1
108.1	108.1	107.6	107.2	107.3	105.3	99.6
101.9	102.0	101.8	101.7	101.9	101.7	102.1
102.1	102.1	102.1	102.1	102.1	102.1	102.4
100.1	100.9	99.7	98.6	100.5	98.1	99.1
100.0	100.2	99.7	101.1	100.6	101.7	101.8
101.8	101.7	100.4	100.2	99.9	99.6	99.7
102.2	102.1	100.6	100.5	99.9	99.8	99.9
107.0	106.5	101.6	98.8	98.9	98.7	98.7
100.1	100.5	100.6	101.6	99.9	99.7	99.6
102.5	102.3	100.1	100.3	102.2	102.0	103.1
100.0	98.6	98.6	98.6	97.5	97.5	97.5
100.0	98.1	98.1	100.0	108.4	108.4	108.4
100.3	100.3	99.3	99.1	99.6	98.9	99.2
100.3	100.3	99.3	99.1	99.6	98.9	99.2
100.0	100.0	100.0	100.0	100.0	100.0	100.0

2-7 续表 1

项　　目	1月	2月	3月	4月	5月
三、居住	100.3	100.3	100.4	100.5	100.6
1.租赁房房租	99.8	99.8	99.8	99.8	100.0
2.住房保养维修及管理	99.3	99.2	99.9	101.0	100.1
(1)住房装潢材料	98.7	98.4	99.8	101.4	99.5
(2)住房维修管理费用	100.0	100.0	100.0	100.7	100.7
3.水电燃料	104.7	104.8	104.9	105.0	105.0
(1)水	121.7	121.7	121.7	121.7	121.7
(2)电	100.0	100.0	100.0	100.0	100.0
(3)燃气	103.3	103.3	104.4	104.4	104.4
(4)其他水电燃料类	99.1	100.9	98.1	100.4	99.4
4.自有住房	99.8	99.8	99.8	99.8	100.0
四、生活用品及服务	100.0	99.0	99.3	99.8	99.9
1.家具及室内装饰品	100.0	100.0	100.0	100.0	100.0
(1)家具	100.0	100.0	100.0	100.0	100.0
(2)室内装饰品	100.0	100.0	100.0	100.0	100.0
2.家用器具	98.3	97.1	97.5	98.7	99.9
(1)大型家用器具	98.2	96.8	97.2	99.1	99.6
(2)小家电	98.3	98.0	98.9	97.1	101.3
3.家用纺织品	95.2	95.2	95.2	100.0	100.0
(1)床上用品	94.3	94.3	94.3	100.0	100.0
(2)窗帘门帘	100.0	100.0	100.0	100.0	100.0
(3)其他家用纺织品	100.0	100.0	100.0	100.0	100.0
4.家庭日用杂品	99.6	99.3	99.2	99.8	99.5
(1)洗涤卫生用品	101.1	100.9	100.6	101.0	100.0
(2)厨具餐具茶具	97.1	96.0	96.0	98.0	97.4
(3)其他家庭日用杂品	99.4	99.4	99.4	99.4	100.0
5.个人护理用品	102.3	100.0	101.1	99.9	99.8
(1)化妆品	103.3	100.3	102.1	100.4	100.4
(2)其他护理用品类	100.3	99.4	99.2	98.9	98.7
6.家庭服务	102.6	100.8	100.8	100.8	101.3
五、交通通信	95.1	96.7	103.6	107.4	107.2
1.交通	93.2	95.3	104.2	109.0	109.0
(1)交通工具	99.5	99.5	99.5	99.5	100.0
(2)交通工具用燃料	86.6	95.0	111.5	119.3	121.3
(3)交通工具使用和维修	100.0	100.0	100.0	100.0	100.0
(4)交通费	86.8	83.9	105.5	122.5	118.3
2.通信	101.1	101.2	102.0	102.7	101.8
(1)通信工具	103.7	103.8	106.5	109.0	106.1

6月	7月	8月	9月	10月	11月	12月
100.7	100.7	100.8	101.0	101.3	100.8	100.7
100.0	100.0	100.0	100.0	100.2	99.7	99.7
101.5	101.4	101.9	102.9	103.8	103.4	103.3
102.4	102.1	103.1	105.3	105.6	104.8	104.6
100.7	100.7	100.7	100.7	102.1	102.1	102.1
105.1	105.1	105.3	106.2	106.9	106.7	105.7
121.7	121.7	121.7	121.7	121.7	121.7	121.7
100.0	100.0	100.0	100.0	100.0	100.0	100.0
104.4	104.4	104.4	106.6	108.8	108.8	106.4
101.0	102.3	105.3	112.9	118.1	114.6	104.7
100.0	100.0	100.0	100.0	100.3	99.7	99.7
99.5	99.0	99.4	99.2	99.5	98.5	98.8
100.0	100.0	100.0	100.0	100.0	100.4	99.5
100.0	100.0	100.0	100.0	100.0	100.7	100.0
100.0	100.0	100.0	100.0	100.0	98.0	94.6
99.2	97.7	97.5	97.7	97.5	95.9	97.2
99.2	97.9	98.2	98.8	98.4	95.8	97.8
99.1	96.6	95.2	93.7	94.2	96.0	94.9
100.0	100.0	100.0	100.0	100.0	100.0	99.5
100.0	100.0	100.0	100.0	100.0	100.0	100.0
100.0	100.0	100.0	100.0	100.0	100.0	95.5
100.0	100.0	100.0	100.0	100.0	100.0	100.0
99.3	100.1	99.9	100.0	100.0	99.7	99.7
99.8	100.6	100.7	101.2	100.9	99.2	98.5
97.0	99.3	98.0	97.5	98.3	100.2	101.4
100.0	100.0	100.0	100.0	100.0	100.0	100.0
98.9	97.5	99.1	98.1	99.4	96.9	97.6
99.5	97.3	99.1	97.4	98.9	95.9	96.6
97.8	98.0	99.0	99.4	100.4	98.9	99.6
101.3	101.3	101.4	101.4	101.4	101.4	101.4
107.3	108.8	106.4	106.5	106.9	106.8	103.9
108.9	110.9	107.6	108.2	109.2	109.6	105.5
100.0	100.0	100.2	100.2	100.2	100.2	100.4
123.5	124.7	122.0	123.1	131.4	135.6	122.2
100.0	100.0	100.0	100.0	100.0	99.3	100.1
113.8	123.8	107.3	109.0	101.7	97.8	93.8
102.6	102.6	102.5	101.7	100.1	98.6	99.1
108.7	108.6	108.6	105.6	100.3	95.7	97.1

2-7 续表 2

项目	1月	2月	3月	4月	5月
(2)通信服务	100.0	100.0	100.0	100.0	100.0
(3)邮递服务	100.0	100.0	100.0	100.0	100.0
六、教育文化娱乐	95.5	97.2	96.7	98.1	99.8
1.教育	96.7	96.6	96.6	96.8	96.9
(1)教育用品	105.6	105.6	105.0	105.0	104.0
(2)教育服务	96.4	96.3	96.3	96.5	96.7
2.文化娱乐	94.1	98.0	96.8	99.9	103.4
(1)文娱耐用消费品	98.2	98.1	98.5	98.8	100.2
(2)其他文娱用品	99.1	99.1	99.1	99.9	99.9
(3)文化娱乐服务	93.9	99.9	100.3	106.4	106.4
(4)旅游	91.4	95.9	92.8	95.1	103.1
七、医疗保健	100.9	100.9	100.9	100.4	100.4
1.药品及医疗器具	101.5	101.3	101.5	100.2	99.9
(1)中药	101.4	101.4	101.5	102.3	101.0
(2)西药	101.1	100.8	101.1	99.6	99.6
(3)滋补保健品	100.0	100.0	100.0	97.0	97.0
(4)医疗卫生器具	108.4	108.4	108.4	106.1	106.1
(5)保健器具	98.7	98.7	98.7	98.7	98.7
2.医疗服务	100.6	100.6	100.6	100.6	100.6
(1)综合医疗类	103.0	103.0	103.0	103.0	103.0
(2)诊断类	100.0	100.0	100.0	100.0	100.0
(3)治疗类	100.0	100.0	100.0	100.0	100.0
(4)康复类	100.0	100.0	100.0	100.0	100.0
(5)中医医疗服务类	100.0	100.0	100.0	100.0	100.0
(6)其他医疗保健服务	100.0	100.0	100.0	100.0	100.0
八、其他用品及服务	100.4	99.7	99.9	100.6	101.1
1.其他用品	101.4	100.6	99.2	99.0	100.1
(1)首饰手表	103.6	101.8	97.5	99.1	101.0
(2)母婴用品	98.3	99.0	100.8	98.8	100.1
(3)其他杂项用品	100.6	100.2	100.4	98.9	98.4
2.其他服务	99.4	98.8	100.6	102.3	102.2
(1)在外住宿	97.5	95.4	101.1	107.1	110.2
(2)美容美发洗浴	102.8	102.8	102.8	102.8	99.3
(3)养老服务	105.9	105.9	105.9	107.2	107.2
(4)金融及保险服务	97.5	97.5	97.8	97.8	97.8
(5)中介法律及其他服务	100.0	100.0	100.0	100.0	100.0

6月	7月	8月	9月	10月	11月	12月
100.0	100.0	100.0	100.0	100.0	100.0	100.0
100.0	100.0	100.0	100.0	100.0	100.0	100.0
100.0	102.3	102.2	102.9	101.3	100.5	100.3
97.4	97.4	97.3	97.8	97.8	97.9	97.8
104.0	103.0	103.0	99.5	99.5	99.5	99.5
97.2	97.2	97.1	97.8	97.8	97.9	97.8
103.3	108.5	108.4	109.3	105.8	104.0	103.7
99.2	100.1	100.5	100.4	100.5	100.5	99.6
99.9	99.6	99.6	99.6	99.9	99.3	99.5
107.2	107.6	107.9	108.0	109.6	109.1	109.1
102.3	114.2	113.9	115.9	106.3	102.6	101.9
100.0	100.0	99.9	99.8	100.0	101.2	101.3
99.9	99.9	99.4	99.4	99.8	99.5	99.6
101.0	101.0	101.0	101.0	100.4	99.9	100.3
99.4	99.5	99.1	98.9	100.2	100.2	100.1
97.0	97.0	97.0	97.0	97.0	97.0	97.0
106.1	106.1	103.4	103.4	103.4	100.3	100.6
98.7	98.7	98.7	98.7	98.7	98.7	100.0
100.1	100.1	100.1	100.1	100.1	102.2	102.2
100.5	100.5	100.5	100.5	100.5	103.8	103.8
100.0	100.0	100.0	100.0	100.0	100.8	100.8
100.0	100.0	100.0	100.0	100.0	103.1	103.1
100.0	100.0	100.0	100.0	100.0	100.0	100.0
100.0	100.0	100.0	100.0	100.0	107.7	107.7
100.0	100.0	100.0	100.0	100.0	107.7	107.7
100.3	100.0	98.3	100.3	101.1	100.2	100.3
99.7	99.4	95.3	96.7	97.2	96.4	97.5
101.0	98.6	92.0	93.2	93.9	94.7	96.1
98.2	101.3	98.3	99.4	99.4	96.6	98.4
98.8	98.9	98.6	100.4	100.8	99.3	98.8
100.9	100.6	101.3	104.1	105.3	104.2	103.3
106.1	104.9	102.4	110.1	110.2	106.1	102.7
99.3	99.3	103.9	106.9	106.9	106.9	106.9
107.2	107.2	111.0	111.0	109.0	109.0	109.0
97.3	97.3	97.3	96.9	100.4	100.4	100.4
100.0	100.0	100.0	100.0	100.0	100.0	100.0

2-8 分月居民消费

项　　目	1月	2月	3月	4月	5月
居民消费价格指数	**100.4**	**100.4**	**99.6**	**100.0**	**99.9**
非食品烟酒价格指数	100.1	100.3	100.3	100.4	100.2
食品(10版口径)指数	101.6	100.9	97.6	98.5	98.6
非食品(10版口径)指数	100.1	100.3	100.3	100.4	100.3
服务价格指数	99.5	100.4	100.0	100.8	100.3
消费品价格指数	101.2	100.4	99.4	99.3	99.6
一、食品烟酒	101.4	100.8	97.9	98.7	98.9
1.食品	102.7	101.2	96.6	97.8	97.9
(1)粮食	98.2	100.0	101.8	99.3	101.1
(2)薯类	108.0	101.4	103.7	95.8	95.0
(3)豆类	99.5	104.5	98.9	99.7	98.4
(4)食用油	104.0	102.1	97.2	100.0	99.9
(5)菜及食用菌	105.4	102.7	91.2	96.0	97.7
(6)畜肉类	105.1	99.7	93.8	91.9	93.3
(7)禽肉类	101.2	101.8	98.4	99.6	100.2
(8)水产品	101.1	108.4	96.2	103.4	102.6
(9)蛋类	103.8	99.3	98.8	100.4	101.3
(10)奶类	101.9	98.7	99.3	100.2	99.0
(11)干鲜瓜果类	101.2	100.7	98.5	103.0	97.2
(12)糖果糕点类	99.8	100.5	101.2	100.7	99.9
(13)调味品	98.3	102.1	101.0	100.0	98.8
(14)其他食品类	100.8	100.4	100.0	100.0	101.5
2.茶及饮料	100.4	99.9	100.1	100.0	100.0
3.烟酒	100.1	100.1	100.0	100.3	101.1
(1)卷烟	100.0	100.0	100.0	100.7	101.3
(2)酒类	101.3	101.2	100.0	96.1	98.7
4.在外餐饮	98.9	100.4	99.8	100.0	100.3
二、衣着	100.3	99.4	100.0	100.1	100.0
1.服装	100.4	99.3	100.0	100.3	100.0
(1)男式服装	100.8	99.3	100.0	100.5	100.0
(2)女式服装	100.4	99.0	100.0	100.0	100.0
(3)儿童服装	99.8	100.0	100.0	101.1	100.0
(4)衣着材料及配件	100.0	100.0	100.0	100.0	100.0
(5)衣着服务费	100.0	100.0	100.0	100.0	100.0
2.鞋类	100.0	100.0	100.0	99.3	100.0
(1)鞋	100.0	100.0	100.0	99.3	100.0
(2)鞋类服务	100.0	100.0	100.0	100.0	100.0

价格指数(2021年，环比)

(上月价格=100)

6月	7月	8月	9月	10月	11月	12月
99.6	**100.3**	**99.7**	**100.0**	**100.0**	**100.3**	**99.9**
99.9	100.8	99.8	100.1	99.9	99.6	99.8
98.5	99.0	99.4	99.9	100.5	102.9	100.1
99.9	100.7	99.8	100.1	99.9	99.6	99.8
99.8	101.1	99.8	100.1	99.3	99.3	100.1
99.5	99.8	99.7	100.0	100.6	101.1	99.7
98.7	99.1	99.5	99.9	100.4	102.6	100.1
97.7	98.5	99.2	99.5	100.7	103.9	100.0
100.0	98.2	99.8	99.7	100.1	101.1	101.7
97.2	97.5	97.0	95.0	105.9	110.6	101.9
99.5	100.9	103.6	100.1	101.2	97.2	104.0
99.0	99.1	99.3	100.3	99.7	102.6	102.2
101.5	97.9	98.8	100.7	105.5	110.4	95.9
89.3	96.7	97.9	97.7	98.5	110.1	101.0
99.0	98.9	100.8	100.3	99.0	101.6	100.1
102.0	99.6	98.0	99.5	96.4	97.6	100.0
100.9	100.5	103.6	100.4	99.2	103.3	99.6
99.4	101.0	99.6	99.4	99.5	100.5	100.0
99.2	98.3	98.6	99.6	102.5	98.3	102.1
99.8	100.1	100.0	100.1	100.0	100.2	99.6
100.0	99.4	100.0	100.3	100.4	100.7	100.8
100.1	100.2	100.0	100.0	99.9	99.7	99.5
99.9	99.9	99.7	99.8	100.0	99.9	99.9
100.0	100.1	100.0	100.0	100.2	99.9	100.4
100.0	100.0	100.0	100.0	100.0	100.0	100.4
100.3	100.8	99.9	99.8	101.6	98.5	101.0
100.3	100.0	100.0	100.8	100.2	101.1	100.2
99.7	99.9	100.1	99.9	100.4	99.7	100.2
99.6	99.8	100.1	100.0	100.4	99.8	100.1
99.4	99.6	100.3	99.0	100.2	99.7	100.0
99.8	99.9	100.0	100.4	100.3	99.9	99.9
99.3	100.4	100.0	100.2	101.4	99.8	101.1
100.0	98.6	100.0	100.0	98.9	100.0	100.0
100.0	100.0	100.0	100.0	108.4	100.0	100.0
100.0	100.0	100.0	99.8	100.5	99.3	100.3
100.0	100.0	100.0	99.8	100.5	99.3	100.3
100.0	100.0	100.0	100.0	100.0	100.0	100.0

2-8 续表 1

项 目	1月	2月	3月	4月	5月
三、居住	100.5	100.0	100.1	100.1	100.2
1.租赁房房租	100.0	100.0	100.0	100.0	100.2
2.住房保养维修及管理	99.6	99.9	100.8	101.1	100.0
(1)住房装潢材料	99.3	99.7	101.6	101.6	100.1
(2)住房维修管理费用	100.0	100.0	100.0	100.7	100.0
3.水电燃料	104.5	100.1	99.9	100.0	99.9
(1)水	121.7	100.0	100.0	100.0	100.0
(2)电	100.0	100.0	100.0	100.0	100.0
(3)燃气	102.1	100.0	100.0	100.0	100.0
(4)其他水电燃料类	100.0	101.8	97.6	100.2	98.4
4.自有住房	100.0	100.0	100.0	100.0	100.3
四、生活用品及服务	100.0	99.6	100.1	100.1	99.9
1.家具及室内装饰品	100.0	100.0	100.0	100.0	100.0
(1)家具	100.0	100.0	100.0	100.0	100.0
(2)室内装饰品	100.0	100.0	100.0	100.0	100.0
2.家用器具	99.7	98.9	100.6	100.0	100.6
(1)大型家用器具	100.3	98.5	100.5	100.6	100.0
(2)小家电	97.1	100.3	100.9	98.1	102.8
3.家用纺织品	100.0	100.0	100.0	100.0	100.0
(1)床上用品	100.0	100.0	100.0	100.0	100.0
(2)窗帘门帘	100.0	100.0	100.0	100.0	100.0
(3)其他家用纺织品	100.0	100.0	100.0	100.0	100.0
4.家庭日用杂品	100.5	100.1	99.8	100.2	99.7
(1)洗涤卫生用品	100.6	100.4	99.8	100.3	99.2
(2)厨具餐具茶具	101.2	99.8	99.3	100.4	100.1
(3)其他家庭日用杂品	100.0	100.0	100.0	100.0	100.0
5.个人护理用品	99.4	99.3	100.0	100.3	99.4
(1)化妆品	99.2	99.0	99.8	100.7	99.3
(2)其他护理用品类	99.8	99.7	100.4	99.6	99.5
6.家庭服务	101.5	99.3	100.0	100.0	100.4
五、交通通信	101.0	100.6	101.7	101.5	99.7
1.交通	101.1	100.9	102.3	102.0	99.7
(1)交通工具	99.9	100.0	100.0	100.0	100.1
(2)交通工具用燃料	104.0	103.3	106.5	99.3	101.6
(3)交通工具使用和维修	100.0	100.0	100.0	100.0	100.0
(4)交通费	99.7	99.2	101.9	113.4	95.2
2.通信	100.6	99.9	99.8	100.0	99.6
(1)通信工具	102.0	99.8	99.5	99.9	98.7

（上月价格=100）

6月	7月	8月	9月	10月	11月	12月
100.0	100.0	100.1	100.2	100.2	99.5	99.9
100.0	100.0	100.0	100.0	100.0	99.5	100.0
100.0	99.8	100.5	101.2	100.9	99.6	99.9
100.0	99.7	101.0	102.3	100.2	99.2	99.8
100.0	100.0	100.0	100.0	101.5	100.0	100.0
100.1	100.1	100.1	100.9	100.7	99.8	99.5
100.0	100.0	100.0	100.0	100.0	100.0	100.0
100.0	100.0	100.0	100.0	100.0	100.0	100.0
100.0	100.0	100.0	102.1	102.1	100.0	100.0
102.2	101.7	102.1	107.9	105.1	97.4	91.1
100.0	100.0	100.0	100.0	100.0	99.4	100.0
99.7	99.8	100.2	99.8	100.1	99.1	100.3
100.0	100.0	100.0	100.0	100.0	99.8	99.7
100.0	100.0	100.0	100.0	100.0	100.0	100.0
100.0	100.0	100.0	100.0	100.0	98.0	96.6
99.5	98.8	100.0	100.3	99.5	97.8	101.5
99.9	99.0	100.2	100.5	99.4	97.3	101.7
98.1	98.1	99.2	99.3	100.1	100.1	100.8
100.0	100.0	100.0	100.0	100.0	100.0	99.5
100.0	100.0	100.0	100.0	100.0	100.0	100.0
100.0	100.0	100.0	100.0	100.0	100.0	95.5
100.0	100.0	100.0	100.0	100.0	100.0	100.0
99.8	101.0	99.4	100.0	100.1	99.2	100.0
100.0	101.1	99.5	99.7	100.0	99.3	98.7
98.9	102.9	97.8	100.5	100.5	97.4	102.6
100.0	100.0	100.0	100.0	100.0	100.0	100.0
99.5	99.4	101.3	99.1	100.7	99.0	100.3
99.8	98.8	101.7	98.4	100.8	98.8	100.3
99.0	100.6	100.6	100.5	100.5	99.2	100.3
100.0	100.0	100.1	100.0	100.0	100.0	100.0
99.8	102.2	99.0	99.6	100.7	99.3	98.8
99.7	102.9	98.7	99.6	100.9	99.5	98.4
100.0	100.0	100.2	100.0	100.0	100.0	100.1
102.0	103.4	98.7	99.6	104.6	103.0	94.7
100.0	100.0	100.0	100.0	100.0	99.3	100.8
94.4	111.2	94.5	98.3	96.2	91.5	100.2
100.2	100.0	100.0	99.8	100.1	98.9	100.1
100.8	100.1	100.0	99.4	100.2	96.4	100.4

2-8 续表 2

项　　目	1月	2月	3月	4月	5月
(2)通信服务	100.0	100.0	100.0	100.0	100.0
(3)邮递服务	100.0	100.0	100.0	100.0	100.0
六、教育文化娱乐	97.8	101.8	99.5	100.5	101.6
1.教育	96.7	99.9	100.0	100.2	100.2
(1)教育用品	100.0	100.0	99.4	100.1	100.0
(2)教育服务	96.6	99.9	100.0	100.2	100.2
2.文化娱乐	99.2	104.1	98.9	100.9	103.4
(1)文娱耐用消费品	99.8	99.9	100.4	100.3	100.2
(2)其他文娱用品	99.4	100.0	100.0	100.0	100.0
(3)文化娱乐服务	100.9	106.4	100.4	99.7	100.0
(4)旅游	97.7	104.9	96.8	102.5	108.4
七、医疗保健	100.3	100.0	100.1	99.5	100.0
1.药品及医疗器具	100.7	100.0	100.2	98.7	100.0
(1)中药	100.1	100.0	100.1	100.8	100.0
(2)西药	100.3	100.0	100.3	98.5	100.0
(3)滋补保健品	100.0	100.0	100.0	97.0	100.0
(4)医疗卫生器具	107.1	100.0	100.0	97.9	100.0
(5)保健器具	98.7	100.0	100.0	100.0	100.0
2.医疗服务	100.1	100.0	100.0	100.0	100.0
(1)综合医疗类	100.5	100.0	100.0	100.0	100.0
(2)诊断类	100.0	100.0	100.0	100.0	100.0
(3)治疗类	100.0	100.0	100.0	100.0	100.0
(4)康复类	100.0	100.0	100.0	100.0	100.0
(5)中医医疗服务类	100.0	100.0	100.0	100.0	100.0
(6)其他医疗保健服务	100.0	100.0	100.0	100.0	100.0
八、其他用品及服务	99.5	99.2	99.9	101.0	100.4
1.其他用品	99.9	99.0	98.3	100.3	100.3
(1)首饰手表	100.5	98.3	96.3	101.6	101.3
(2)母婴用品	100.3	100.0	100.3	99.6	98.1
(3)其他杂项用品	98.4	99.2	99.5	98.8	100.8
2.其他服务	99.1	99.4	101.7	101.7	100.5
(1)在外住宿	97.1	97.8	105.8	105.8	101.7
(2)美容美发洗浴	99.3	100.0	100.0	100.0	100.0
(3)养老服务	103.9	100.0	100.0	101.2	100.0
(4)金融及保险服务	100.0	100.0	100.3	100.0	100.0
(5)中介法律及其他服务	100.0	100.0	100.0	100.0	100.0

(上月价格=100)

6月	7月	8月	9月	10月	11月	12月
100.0	100.0	100.0	100.0	100.0	100.0	100.0
100.0	100.0	100.0	100.0	100.0	100.0	100.0
100.1	102.3	100.0	100.5	97.7	98.7	100.0
100.2	100.0	99.9	100.6	100.0	100.1	100.0
100.0	100.0	100.0	100.0	100.0	100.0	100.0
100.3	100.0	99.9	100.7	100.0	100.1	100.0
99.9	105.0	100.1	100.2	95.1	97.1	100.1
98.8	100.5	100.2	100.2	100.2	99.6	99.6
100.0	99.7	100.0	100.0	100.3	99.8	100.2
100.8	100.3	100.3	100.1	100.4	99.6	100.0
99.3	111.6	100.0	100.4	88.6	93.5	100.3
100.0	100.0	100.0	100.0	100.2	101.2	100.1
99.9	100.0	99.9	99.9	100.5	99.6	100.1
100.0	100.0	100.0	100.0	99.4	99.5	100.4
99.8	100.1	100.0	99.9	101.3	100.0	99.9
100.0	100.0	100.0	100.0	100.0	100.0	100.0
100.0	100.0	98.5	100.0	100.0	97.0	100.3
100.0	100.0	100.0	100.0	100.0	100.0	101.4
100.0	100.0	100.0	100.0	100.0	102.1	100.0
100.0	100.0	100.0	100.0	100.0	103.3	100.0
100.0	100.0	100.0	100.0	100.0	100.8	100.0
100.0	100.0	100.0	100.0	100.0	103.1	100.0
100.0	100.0	100.0	100.0	100.0	100.0	100.0
100.0	100.0	100.0	100.0	100.0	107.7	100.0
100.0	100.0	100.0	100.0	100.0	107.7	100.0
100.3	99.6	100.0	101.0	99.7	99.7	99.9
100.9	99.5	99.3	100.9	99.4	99.8	99.9
101.5	97.6	99.7	100.5	99.0	100.9	98.9
99.7	101.6	98.9	100.8	98.7	99.3	101.3
101.1	100.8	99.0	101.8	100.7	98.4	100.3
99.8	99.7	100.7	101.1	99.9	99.6	100.0
99.1	99.1	97.6	100.9	99.8	98.5	100.0
100.0	100.0	104.6	102.9	100.0	100.0	100.0
100.0	100.0	103.5	100.0	100.0	100.0	100.0
100.2	100.0	100.0	100.0	100.0	100.0	100.0
100.0	100.0	100.0	100.0	100.0	100.0	100.0

2-9 各州市居民消费

地 区	2011		2012		2013		2014		2015	
	居民消费价格总指数	#食品	居民消费价格总指数	#食品	居民消费价格总指数	#食品	居民消费价格总指数	#食品	居民消费价格总指数	#食品
全 省	**104.9**	**111.5**	**102.7**	**106.2**	**103.1**	**105.5**	**102.4**	**104.3**	**101.9**	**103.4**
昆明市	104.9	110.8	103.1	107.7	103.9	106.8	103.1	105.6	102.4	104.3
曲靖市	104.9	110.7	102.3	103.5	103.0	104.6	102.4	103.8	101.8	102.8
玉溪市	104.7	111.1	102.7	105.7	102.8	104.3	102.1	103.3	102.0	103.2
保山市	104.2	110.2	102.6	105.7	102.8	105.0	102.4	102.6	102.1	101.7
昭通市	105.3	109.9	102.7	107.5	102.7	105.8	101.6	102.3	102.1	105.3
丽江市	104.6	111.8	102.8	104.1	102.7	104.2	101.6	101.3	101.8	103.9
普洱市	104.4	113.0	102.6	105.6	102.5	104.7	101.8	103.7	101.3	103.2
临沧市	104.8	112.5	103.7	109.0	102.4	105.0	102.6	104.0	101.0	102.2
楚雄州	104.5	109.0	103.5	106.0	103.0	106.5	102.5	103.1	101.9	102.7
红河州	104.5	111.4	102.6	104.6	102.4	105.1	101.7	103.1	101.9	104.1
文山州	104.5	111.8	103.1	105.4	102.5	105.3	102.2	103.2	102.6	104.3
西双版纳州	104.8	112.9	102.9	106.8	102.6	106.3	101.8	103.8	101.4	103.6
大理州	104.7	111.3	103.3	106.2	102.7	106.9	101.9	103.9	101.6	103.5
德宏州	105.6	114.0	103.9	107.0	102.2	104.7	102.3	103.9	101.5	102.8
怒江州	104.8	112.7	102.4	104.1	102.7	104.1	102.4	104.0	101.4	103.2
迪庆州	105.6	110.8	103.1	108.0	103.0	106.2	101.9	103.5	102.4	103.6

价格指数(2011-2021年)

(上年价格=100)

2016		2017		2018		2019		2020		2021	
居民消费价格总指数	#食品	居民消费价格总指数	#食品	居民消费价格总指数	#食品	居民消费价格总指数	#食品	居民消费价格总指数	#食品	居民消费价格总指数	#食品
101.5	**104.3**	**100.9**	**99.8**	**101.6**	**100.2**	**102.5**	**109.1**	**103.6**	**115.8**	**100.2**	**96.4**
101.7	104.5	100.5	99.7	101.7	101.5	102.3	109.4	103.1	114.1	100.2	95.6
101.6	103.7	100.6	99.5	101.2	100.7	102.5	109.0	103.4	115.1	100.2	97.3
101.3	104.3	101.1	99.4	101.8	100.7	102.7	107.8	103.5	114.8	100.6	95.8
101.4	103.0	101.3	99.3	101.0	100.0	101.9	108.6	103	114.5	99.9	95.4
101.4	105.4	100.3	98.4	100.9	97.9	103.1	109.4	104.6	118.3	99.8	95.3
101.5	104.2	99.8	99.1	101.7	100.2	102.4	107.3	103.1	116	99.9	96.5
101.1	104.6	101.3	99.8	101.3	98.6	102.4	109.0	104.1	118.9	100.1	97.2
101.6	106.6	101.0	99.9	101.9	100.3	102.6	108.3	102.7	113.1	100.6	96.3
101.3	103.6	101.6	100.9	101.8	100.7	102.7	108.0	103	113.2	100.8	98.1
101.4	102.4	101.3	102.1	101.2	100.3	102.0	108.8	102.2	110.7	100.2	95.4
101.6	104.5	101.1	100.1	101.7	101.3	101.9	108.3	104.2	120.6	99.8	95.5
101.4	105.8	101.7	100.8	102.0	100.8	102.0	106.5	102.6	108.8	100.1	98.6
101.0	104.5	100.8	99.4	102.1	98.7	102.3	106.4	102.4	116	100.1	97.3
101.2	103.6	100.8	99.7	102.0	101.5	101.8	106.4	103.5	115.3	100.1	97.2
101.6	104.0	101.5	100.7	102.4	102.3	102.8	107.5	104.7	118.7	100.4	97.4
101.5	104.8	101.9	104.0	101.7	99.0	102.6	103.8	102.1	109.4	100.8	97.5

2-10 分月住宅

月份	新建商品住宅价格指数			
		90m²及以下	90-144m²	144m²以上
2021年1月	105.6	107.7	105.1	106.1
2021年2月	106.5	108.5	105.9	107.7
2021年3月	107.5	108.7	107.2	107.9
2021年4月	107.5	108.5	107.3	107.8
2021年5月	106.8	108.3	106.4	107.5
2021年6月	104.7	106.4	104.4	104.9
2021年7月	103.8	105.6	103.4	104.1
2021年8月	102.4	104.3	102.0	102.6
2021年9月	101.5	104.0	100.9	102.2
2021年10月	100.0	100.9	99.5	101.3
2021年11月	99.8	101.0	99.5	100.1
2021年12月	99.4	99.3	99.3	99.8

销售价格指数(2021年)

(以上年同月价格为100) 单位: %

二手住宅价格指数	90m^{2}及以下	90-144m^2	144m^{2}以上
103.9	102.9	103.6	106.1
104.4	103.3	104.0	107.1
104.2	103.5	103.6	106.6
104.2	103.4	104.0	105.8
104.1	103.9	103.8	105.0
103.1	103.0	102.8	103.9
102.6	102.7	102.3	103.1
102.4	102.5	102.7	101.7
101.3	101.0	102.1	100.4
100.6	100.3	101.3	99.7
100.1	100.1	100.7	98.9
100.5	100.8	101.0	99.0

2-11 房地产价格

月份	新建住宅			新建商品住宅			二手住宅			新建房90m²及以下		
	环比	同比	定基	环比	同比	定基	环比	同比	定基	环比	同比	定基
1月	101.0	105.6	104.6	101.2	105.9	104.9	100.5	103.7	102.6	102.3	107.0	106.0
2月	100.5	107.8	105.1	100.6	108.2	105.5	100.3	104.4	102.9	101.2	110.0	107.3
3月	100.2	107.4	105.3	100.1	107.8	105.6	100.2	105.2	103.2	100.5	110.0	107.8
4月	100.1	106.9	105.4	100.1	107.3	105.7	100.3	104.2	103.5	100.0	109.4	107.8
5月	100.1	106.8	105.6	100.2	107.3	105.9	100.1	105.9	103.6	100.4	109.6	108.3
6月	100.2	106.7	105.7	100.2	107.2	106.2	100.1	105.5	103.8	100.2	109.5	108.5
7月	99.9	106.1	105.7	99.9	106.5	106.0	100.1	105.0	103.9	99.8	108.7	108.3
8月	100.0	106.4	105.7	100.1	106.8	106.1	99.9	102.9	103.8	100.0	109.0	108.3
9月	100.3	105.4	106.0	100.3	106.0	106.5	100.5	102.1	104.3	100.3	108.2	108.7
10月	100.1	103.4	106.2	100.2	103.8	106.7	99.8	101.8	104.1	100.3	106.1	109.0
11月	99.8	102.7	106.0	99.8	103.1	106.5	99.7	101.4	103.7	99.9	105.5	108.9
12月	100.0	102.3	106.0	100.0	102.7	106.4	99.5	101.1	103.2	99.9	105.0	108.8

指数台账(2011年)

新建房90-144m²			新建房144m²以上			二手房90m²及以下			二手房90-144m²			二手房144m²以上		
环比	同比	定基	环比	同比	定基	环比	同比	定基	环比	同比	定基	环比	同比	定基
101.1	105.5	104.8	100.0	105.0	103.7	101.5	104.9	103.8	98.8	102.0	100.9	101.8	104.9	103.9
100.4	107.9	105.2	100.0	106.3	103.7	99.1	104.3	102.8	100.6	103.0	101.6	101.4	106.7	105.3
100.2	107.5	105.4	99.5	105.3	103.2	100.2	105.1	103.0	100.2	103.7	101.7	100.4	107.7	105.7
100.1	107.0	105.4	100.4	105.1	103.6	100.0	103.8	103.1	100.5	102.9	102.2	100.5	106.9	106.2
100.1	106.9	105.6	100.0	104.8	103.5	100.3	105.6	103.4	100.0	104.4	102.2	100.0	108.6	106.3
100.1	106.7	105.7	100.4	104.9	103.9	100.1	105.2	103.5	100.3	104.2	102.6	99.9	107.9	106.1
100.1	106.3	105.8	99.7	104.0	103.6	100.8	105.4	104.4	99.4	103.0	102.0	100.2	107.4	106.3
100.2	106.8	106.0	99.9	103.9	103.5	99.9	103.4	104.3	99.7	100.8	101.7	100.0	105.5	106.4
100.3	105.9	106.4	100.4	103.3	103.9	100.7	102.8	105.0	100.5	100.1	102.3	100.2	104.4	106.6
100.1	103.6	106.5	100.1	101.3	104.0	99.9	102.7	105.0	99.9	99.9	102.1	99.4	103.7	105.9
99.7	102.8	106.2	99.8	100.5	103.8	99.5	102.1	104.5	99.8	99.7	102.0	99.7	103.3	105.6
100.0	102.4	106.2	100.0	100.1	103.8	99.0	101.2	103.4	100.0	99.8	102.0	99.4	102.8	104.9

2-12 房地产价格

月份	新建住宅			新建商品住宅			二手住宅			新建房90m²及以下		
	环比	同比	定基	环比	同比	定基	环比	同比	定基	环比	同比	定基
1月	100.0	101.3	106.0	100.0	101.5	106.4	99.8	100.3	103.0	100.0	102.7	108.8
2月	100.0	100.8	105.9	100.0	100.9	106.4	99.5	99.5	102.4	99.9	101.4	108.8
3月	99.9	100.5	105.9	99.9	100.7	106.3	99.5	98.8	101.9	99.7	100.6	108.5
4月	100.0	100.4	105.8	100.0	100.5	106.2	100.0	98.4	101.9	100.2	100.8	108.7
5月	99.9	100.1	105.7	99.9	100.2	106.1	100.3	98.6	102.2	99.8	100.2	108.5
6月	99.9	99.9	105.6	99.9	99.8	106.0	101.0	99.4	103.2	99.9	99.9	108.4
7月	100.4	100.3	106.0	100.5	100.4	106.5	102.2	101.5	105.5	100.5	100.6	108.9
8月	100.0	100.3	106.0	100.0	100.3	106.5	100.1	101.8	105.6	99.9	100.5	108.9
9月	100.2	100.2	106.2	100.2	100.2	106.7	99.7	101.0	105.3	100.3	100.5	109.2
10月	100.0	100.1	106.2	100.0	100.1	106.8	99.8	101.0	105.1	100.0	100.2	109.2
11月	100.5	100.8	106.8	100.6	100.9	107.4	100.5	101.9	105.7	100.6	100.8	109.8
12月	100.6	101.3	107.4	100.7	101.6	108.1	101.1	103.5	106.8	100.9	101.7	110.7

指数台账(2012年)

新建房90-144m²			新建房144m²以上			二手房90m²及以下			二手房90-144m²			二手房144m²以上		
环比	同比	定基	环比	同比	定基	环比	同比	定基	环比	同比	定基	环比	同比	定基
100.0	101.4	106.2	100.0	100.1	103.7	99.9	99.6	103.3	99.8	100.8	101.8	99.6	100.6	104.5
99.9	100.9	106.1	100.0	100.1	103.8	99.4	99.9	102.7	99.5	99.7	101.2	99.5	98.8	104.0
100.1	100.8	106.2	99.9	100.5	103.7	99.4	99.1	102.1	99.4	98.9	100.6	99.8	98.2	103.8
99.8	100.5	106.0	99.9	100.0	103.6	99.7	98.8	101.8	100.2	98.7	100.8	100.0	97.7	103.8
100.0	100.4	105.9	99.8	99.8	103.4	100.9	99.3	102.7	100.0	98.7	100.9	100.0	97.6	103.8
99.9	100.1	105.8	99.8	99.2	103.1	100.7	99.9	103.4	100.5	98.8	101.4	102.0	99.7	105.9
100.7	100.8	106.6	100.0	99.6	103.1	102.1	101.1	105.6	102.9	102.3	104.3	101.3	100.8	107.2
100.0	100.6	106.6	100.1	99.8	103.3	99.9	101.2	105.5	99.9	102.5	104.3	100.7	101.5	107.9
100.0	100.2	106.6	100.4	99.8	103.7	99.9	100.3	105.4	99.6	101.5	103.8	99.6	100.9	107.6
100.0	100.2	106.6	100.2	99.9	103.9	100.1	100.5	105.6	99.6	101.3	103.4	99.6	101.1	107.1
100.7	101.1	107.3	100.7	100.8	104.6	100.6	101.6	106.2	100.3	101.7	103.7	100.8	102.4	108.1
100.7	101.8	108.1	100.4	101.2	105.0	102.0	104.7	108.3	101.4	103.1	105.1	99.5	102.5	107.5

2-13 房地产价格

月份	新建住宅			新建商品住宅			二手住宅			新建房90m²及以下		
	环比	同比	定基	环比	同比	定基	环比	同比	定基	环比	同比	定基
1月	100.3	101.7	107.7	100.4	102.0	108.6	100.6	104.3	107.4	100.2	102.0	111.0
2月	100.0	101.7	107.8	100.0	102.1	108.6	100.6	105.5	108.0	100.1	102.2	111.2
3月	100.9	102.7	108.7	101.0	103.2	109.7	101.1	107.1	109.2	100.9	103.4	112.1
4月	100.6	103.3	109.3	100.7	104.0	110.5	101.1	108.3	110.3	100.7	103.9	112.9
5月	100.6	104.1	110.0	100.7	104.8	111.2	101.3	109.3	111.7	100.8	104.8	113.7
6月	100.5	104.7	110.5	100.6	105.6	111.9	100.7	109.0	112.5	100.6	105.5	114.4
7月	100.3	104.6	110.9	100.4	105.5	112.3	100.4	107.1	113.0	100.5	105.5	114.9
8月	100.7	105.3	111.6	100.8	106.3	113.2	100.3	107.3	113.4	100.9	106.5	116.0
9月	100.4	105.6	112.1	100.5	106.6	113.8	100.3	108.0	113.7	100.5	106.8	116.6
10月	100.4	105.9	112.5	100.4	107.0	114.3	100.5	108.8	114.3	100.7	107.5	117.4
11月	100.5	105.9	113.1	100.6	107.0	115.0	100.6	108.8	114.9	100.5	107.5	118.0
12月	100.5	105.8	113.7	100.6	106.9	115.6	100.4	108.0	115.4	100.6	107.2	118.7

指数台账(2013年)

新建房90-144m²			新建房144m²以上			二手房90m²及以下			二手房90-144m²			二手房144m²以上		
环比	同比	定基	环比	同比	定基	环比	同比	定基	环比	同比	定基	环比	同比	定基
100.5	102.2	108.6	100.5	101.7	105.5	100.7	105.5	109.0	100.9	104.3	106.1	100.0	102.9	107.5
100.0	102.3	108.5	100.0	101.6	105.5	100.4	106.6	109.5	100.7	105.6	106.9	100.4	103.9	108.0
101.1	103.3	109.7	101.2	102.9	106.7	101.3	108.6	110.8	101.2	107.4	108.1	100.7	104.8	108.7
100.8	104.3	110.6	100.5	103.6	107.3	101.1	110.1	112.1	101.4	108.7	109.6	100.4	105.2	109.2
100.6	105.0	111.3	100.8	104.6	108.1	101.6	110.9	113.9	101.0	109.7	110.6	101.3	106.6	110.7
100.5	105.7	111.8	100.7	105.5	108.8	100.5	110.7	114.4	100.7	109.8	111.3	101.0	105.6	111.7
100.2	105.1	112.1	100.4	105.9	109.2	100.4	108.9	115.0	100.5	107.2	111.9	100.3	104.5	112.0
100.8	106.0	113.0	100.7	106.5	110.0	100.2	109.1	115.1	100.4	107.7	112.3	100.5	104.4	112.6
100.6	106.6	113.7	100.5	106.5	110.5	100.0	109.3	115.2	100.3	108.5	112.6	100.7	105.5	113.5
100.4	107.1	114.2	100.1	106.4	110.6	100.7	109.9	116.0	100.5	109.4	113.2	100.3	106.2	113.8
100.6	107.0	114.9	100.7	106.4	111.3	100.4	109.7	116.5	100.7	109.8	113.9	100.6	105.9	114.4
100.7	107.0	115.7	100.3	106.4	111.7	100.4	108.0	116.9	100.5	108.9	114.5	100.1	106.6	114.6

2-14 房地产价格

月份	新建住宅			新建商品住宅			二手住宅			新建房90m^{2}及以下		
	环比	同比	定基	环比	同比	定基	环比	同比	定基	环比	同比	定基
1月	100.6	106.1	114.3	100.7	107.2	116.4	99.8	107.2	115.2	100.5	107.5	119.3
2月	100.2	106.3	114.5	100.2	107.5	116.7	99.5	106.1	114.6	100.2	107.5	119.5
3月	100.1	105.5	114.7	100.1	106.5	116.9	100.6	105.5	115.2	100.3	106.9	119.9
4月	100.2	105.1	114.9	100.2	106.0	117.1	100.5	105.0	115.9	100.1	106.3	120.0
5月	100.0	104.4	114.9	100.0	105.3	117.1	100.1	103.8	116.0	100.2	105.7	120.2
6月	99.5	103.4	114.3	99.4	104.1	116.5	100.0	103.1	116.0	99.5	104.6	119.6
7月	99.2	102.3	113.4	99.0	102.7	115.3	98.8	101.4	114.5	99.1	103.1	118.5
8月	99.0	100.5	112.2	98.8	100.6	113.9	99.0	100.0	113.4	98.9	101.1	117.3
9月	99.1	99.2	111.2	98.9	99.0	112.7	98.9	98.6	112.1	98.9	99.5	116.0
10月	99.5	98.3	110.6	99.4	98.0	112.0	99.0	97.1	111.0	99.5	98.3	115.4
11月	99.4	97.2	109.9	99.3	96.7	111.2	99.4	95.9	110.3	99.4	97.2	114.7
12月	99.5	96.2	109.4	99.3	95.5	110.4	99.2	94.8	109.4	99.2	95.9	113.8

指数台账(2014年)

新建房90-144m²			新建房144m²以上			二手房90m²及以下			二手房90-144m²			二手房144m²以上		
环比	同比	定基	环比	同比	定基	环比	同比	定基	环比	同比	定基	环比	同比	定基
100.7	107.3	116.5	100.9	106.8	112.7	100.0	107.3	116.9	99.8	107.8	114.3	99.6	106.2	114.1
100.5	107.8	117.1	100.0	106.9	112.7	99.8	106.6	116.7	99.3	106.2	113.5	99.5	105.1	113.5
100.0	106.7	117.1	100.0	105.7	112.8	100.7	106.1	117.6	100.6	105.6	114.1	100.3	104.7	113.9
100.2	106.1	117.3	100.3	105.5	113.1	100.5	105.4	118.2	100.6	104.7	114.8	100.5	104.8	114.5
99.9	105.3	117.2	100.0	104.6	113.1	99.9	103.6	118.0	100.6	104.4	115.5	99.6	103.0	114.0
99.4	104.1	116.4	99.5	103.5	112.6	100.1	103.2	118.1	100.1	103.9	115.6	99.7	101.7	113.6
99.1	103.0	115.4	98.7	101.7	111.1	98.5	101.2	116.3	98.8	102.1	114.2	99.1	100.5	112.5
98.6	100.7	113.8	98.9	99.9	109.9	98.7	99.7	114.7	98.9	100.6	113.0	99.5	99.4	112.0
98.8	98.9	112.4	99.1	98.6	108.9	98.7	98.4	113.3	99.3	99.6	112.2	98.5	97.2	110.3
99.3	97.8	111.6	99.4	97.9	108.2	99.3	97.0	112.5	98.6	97.7	110.6	99.3	96.2	109.5
99.1	96.3	110.6	99.3	96.5	107.5	99.1	95.7	111.5	99.6	96.7	110.2	99.3	95.0	108.7
99.4	95.1	110.0	99.4	95.7	106.9	99.2	94.6	110.6	99.0	95.3	109.1	99.5	94.4	108.1

2-15 房地产价格

月份	新建住宅			新建商品住宅			二手住宅			新建房90m²及以下		
	环比	同比	定基	环比	同比	定基	环比	同比	定基	环比	同比	定基
1月	99.8	95.4	109.1	99.7	94.6	110.1	99.2	94.2	108.5	99.9	95.3	113.7
2月	99.7	94.9	108.7	99.6	94.0	109.7	99.0	93.8	107.5	100.0	95.2	113.7
3月	99.9	94.7	108.6	99.8	93.7	109.5	99.9	93.2	107.4	99.6	94.5	113.3
4月	99.7	94.3	108.3	99.7	93.2	109.1	99.5	92.2	106.9	99.6	94.0	112.8
5月	99.8	94.1	108.1	99.8	92.9	108.8	100.3	92.4	107.2	99.7	93.6	112.5
6月	100.0	94.5	108.0	99.9	93.4	108.8	101.0	93.4	108.3	100.2	94.3	112.7
7月	99.7	95.0	107.7	99.7	94.0	108.4	99.5	94.1	107.7	100.1	95.2	112.9
8月	99.6	95.6	107.3	99.5	94.7	107.9	99.7	94.8	107.4	99.6	95.9	112.5
9月	99.8	96.3	107.0	99.7	95.5	107.6	100.1	95.9	107.5	99.9	96.9	112.4
10月	100.0	96.8	107.1	100.0	96.1	107.6	100.0	96.9	107.5	100.1	97.5	112.5
11月	99.9	97.3	106.9	99.8	96.6	107.4	100.5	98.0	108.0	99.8	97.8	112.2
12月	100.1	97.9	107.0	100.1	97.4	107.5	100.2	98.9	108.2	100.1	98.7	112.3

指数台账(2015年)

新建房90-144m^2			新建房144m^2以上			二手房90m^2及以下			二手房90-144m^2			二手房144m^2以上		
环比	同比	定基	环比	同比	定基	环比	同比	定基	环比	同比	定基	环比	同比	定基
99.8	94.2	109.8	99.2	94.1	106.0	99.3	93.9	109.8	99.4	94.9	108.5	98.8	93.6	106.8
99.3	93.1	109.0	99.5	93.6	105.5	98.8	92.9	108.5	99.1	94.8	107.5	99.3	93.5	106.1
99.9	93.0	108.9	99.9	93.5	105.4	99.7	92.0	108.2	100.0	94.2	107.5	100.0	93.2	106.1
99.6	92.4	108.4	99.9	93.1	105.3	99.1	90.7	107.2	99.9	93.7	107.5	99.4	92.2	105.5
99.8	92.4	108.2	99.7	92.9	105.1	100.2	91.0	107.4	100.1	93.2	107.6	100.7	93.2	106.2
99.7	92.7	107.9	100.0	93.3	105.1	101.0	91.9	108.5	101.2	94.2	108.9	100.7	94.2	107.0
99.3	92.8	107.1	99.5	94.1	104.6	99.3	92.7	107.7	99.2	94.6	108.0	100.2	95.2	107.2
99.4	93.6	106.5	99.5	94.7	104.1	99.8	93.7	107.5	99.6	95.2	107.6	99.8	95.5	107.0
99.8	94.5	106.2	99.4	95.0	103.5	100.4	95.3	107.9	100.3	96.2	107.9	99.3	96.3	106.3
100.0	95.2	106.2	100.0	95.6	103.4	100.5	96.4	108.4	99.8	97.4	107.7	99.6	96.7	105.9
99.8	95.9	106.1	99.9	96.2	103.4	100.7	97.9	109.2	100.3	98.1	108.0	100.5	97.9	106.4
100.0	96.5	106.1	100.2	97.0	103.6	100.0	98.7	109.1	100.4	99.3	108.4	100.2	98.6	106.7

2-16 房地产价格

月份	新建住宅			新建商品住宅			二手住宅			新建房90m^{2}及以下		
	环比	同比	定基	环比	同比	定基	环比	同比	定基	环比	同比	定基
1月	100.3	97.7	99.3	100.3	97.7	99.3	100.2	99.9	100.7	100.5	99.2	100.0
2月	100.0	98.2	99.2	100.0	98.1	99.2	100.1	101.0	100.8	100.0	99.2	100.1
3月	99.9	98.2	99.1	99.9	98.2	99.1	100.2	101.3	101.1	99.9	99.5	99.9
4月	100.8	99.3	99.9	100.8	99.3	99.9	100.5	102.3	101.6	100.9	100.8	100.9
5月	100.4	100.0	100.4	100.4	100.0	100.4	100.6	102.7	102.2	100.6	101.7	101.5
6月	100.0	100.1	100.4	100.0	100.1	100.4	99.7	101.3	101.9	99.8	101.3	101.3
7月	100.3	100.8	100.6	100.3	100.8	100.6	100.0	101.9	101.9	100.5	101.7	101.8
8月	100.1	101.5	100.8	100.1	101.5	100.8	99.8	102.0	101.7	100.1	102.2	101.8
9月	100.4	102.1	101.1	100.4	102.1	101.1	100.1	102.0	101.8	100.3	102.6	102.2
10月	101.1	103.2	102.2	101.1	103.2	102.2	100.3	102.3	102.2	100.9	103.4	103.0
11月	100.5	103.9	102.7	100.5	103.9	102.8	100.0	101.8	102.2	100.8	104.4	103.9
12月	100.3	104.2	103.1	100.3	104.2	103.1	99.8	101.4	102.0	100.2	104.5	104.1

指数台账(2016年)

新建房90-144m²			新建房144m²以上			二手房90m²及以下			二手房90-144m²			二手房144m²以上		
环比	同比	定基	环比	同比	定基	环比	同比	定基	环比	同比	定基	环比	同比	定基
100.3	97.0	99.0	100.2	97.7	99.2	100.2	99.7	101.1	100.3	100.2	100.8	100.0	99.7	100.1
100.0	97.6	98.9	99.8	98.1	99.0	100.2	101.1	101.3	100.0	101.1	100.8	100.2	100.6	100.4
99.9	97.6	98.8	99.7	97.9	98.8	100.4	101.8	101.7	100.2	101.3	100.9	100.1	100.7	100.5
101.1	99.1	99.9	100.3	98.3	99.1	100.5	103.2	102.2	100.4	101.8	101.4	100.5	101.9	101.0
100.3	99.6	100.2	100.6	99.1	99.6	100.7	103.8	102.9	100.7	102.4	102.1	100.3	101.5	101.3
100.1	100.0	100.4	99.9	99.0	99.5	99.6	102.4	102.5	99.8	101.0	101.9	99.5	100.3	100.8
100.2	101.0	100.6	100.1	99.6	99.6	99.8	102.9	102.4	100.1	102.0	102.0	100.2	100.3	101.0
100.1	101.7	100.8	100.2	100.3	99.8	99.8	103.0	102.2	99.8	102.2	101.8	99.9	100.4	100.9
100.5	102.4	101.2	100.3	101.2	100.0	99.8	102.4	102.0	100.1	101.9	101.9	100.5	101.6	101.4
101.2	103.7	102.5	100.9	102.1	101.0	100.6	102.5	102.7	100.5	102.6	102.4	99.6	101.6	101.0
100.5	104.4	103.0	100.3	102.5	101.2	100.1	101.9	102.7	99.8	102.1	102.2	100.2	101.3	101.2
100.3	104.7	103.3	100.6	103.0	101.9	100.1	101.9	102.8	99.9	101.6	102.1	99.3	100.4	100.5

2-17 房地产价格

月份	新建住宅			新建商品住宅			二手住宅			新建房90m^{2}及以下		
	环比	同比	定基	环比	同比	定基	环比	同比	定基	环比	同比	定基
1月	100.4	104.2	103.5	100.4	104.3	103.5	100.3	101.5	102.3	100.5	104.5	104.6
2月	100.3	104.6	103.8	100.3	104.6	103.8	99.9	101.3	102.1	100.1	104.6	104.7
3月	100.7	105.5	104.6	100.7	105.6	104.6	100.9	101.9	103.0	100.6	105.4	105.4
4月	101.6	106.3	106.2	101.6	106.4	106.3	100.8	102.2	103.8	102.1	106.7	107.6
5月	100.6	106.5	106.9	100.6	106.5	107.0	100.7	102.3	104.5	100.5	106.5	108.1
6月	100.7	107.3	107.7	100.7	107.3	107.7	100.5	103.1	105.0	100.9	107.7	109.1
7月	100.6	107.7	108.3	100.6	107.7	108.4	100.3	103.4	105.3	100.0	107.2	109.1
8月	100.5	108.0	108.8	100.5	108.1	108.9	100.4	104.0	105.8	100.8	108.0	110.0
9月	100.1	107.8	109.0	100.1	107.8	109.1	100.5	104.4	106.3	99.7	107.4	109.7
10月	100.4	107.1	109.4	100.4	107.1	109.5	100.3	104.4	106.6	100.4	106.9	110.1
11月	101.2	107.8	110.7	101.2	107.8	110.8	100.8	105.2	107.5	101.3	107.4	111.5
12月	102.5	110.1	113.5	102.6	110.2	113.7	101.3	106.8	108.9	102.7	110.1	114.6

指数台账(2017年)

新建房90-144m²			新建房144m²以上			二手房90m²及以下			二手房90-144m²			二手房144m²以上		
环比	同比	定基	环比	同比	定基	环比	同比	定基	环比	同比	定基	环比	同比	定基
100.4	104.8	103.7	100.3	103.0	102.2	100.0	101.8	102.9	100.0	101.3	102.1	101.1	101.6	101.7
100.2	105.0	103.9	100.7	103.9	102.9	99.4	101.0	102.3	100.3	101.7	102.4	99.7	101.0	101.4
100.9	106.0	104.8	100.7	104.9	103.6	100.5	101.2	102.8	100.8	102.3	103.2	101.7	102.6	103.1
101.4	106.3	106.2	101.6	106.3	105.3	101.3	101.9	104.2	100.3	102.1	103.5	100.8	102.8	103.9
100.8	106.8	107.1	100.3	106.0	105.6	100.4	101.6	104.5	100.6	102.0	104.1	101.3	103.9	105.2
100.6	107.3	107.7	100.8	107.0	106.4	100.2	102.2	104.8	100.9	103.1	105.0	100.2	104.5	105.4
101.0	108.2	108.8	100.4	107.4	106.9	100.2	102.6	105.0	100.1	103.1	105.2	100.6	105.0	106.1
100.3	108.4	109.2	100.5	107.7	107.4	100.1	102.8	105.1	100.6	103.9	105.8	100.6	105.8	106.7
100.4	108.3	109.6	100.1	107.5	107.5	100.6	103.5	105.7	100.3	104.2	106.1	100.8	106.1	107.6
100.5	107.5	110.2	100.2	106.7	107.7	100.7	103.6	106.4	100.2	103.9	106.4	99.9	106.4	107.4
101.2	108.3	111.5	101.0	107.5	108.8	100.5	104.1	106.9	100.5	104.7	106.9	101.6	107.9	109.2
102.7	110.9	114.5	102.2	109.1	111.2	101.3	105.4	108.3	101.1	105.9	108.1	101.6	110.4	111.0

2-18 房地产价格

月份	新建商品住宅			二手住宅			新建房90m²及以下			新建房90-144m²		
	环比	同比	定基	环比	同比	定基	环比	同比	定基	环比	同比	定基
1月	101.4	110.6	114.5	100.7	106.4	108.9	101.3	109.8	114.8	101.5	110.4	114.5
2月	100.3	111.4	115.6	100.5	107.8	110.1	100	110.8	116.1	100.3	112.2	116.6
3月	100.8	111.5	116.6	100.4	107.3	110.6	101.3	111.6	117.5	100.9	112.3	117.6
4月	100.7	110.4	117.4	100.3	106.9	110.9	100.4	109.7	118	100.8	111.7	118.6
5月	100.9	110.8	118.5	101.6	107.8	112.7	100.5	109.7	118.6	101.3	112.2	120.1
6月	101.9	112.1	120.8	100.8	108.1	113.5	101.7	110.5	120.6	101.9	113.7	122.4
7月	102.9	114.7	124.3	102.3	110.3	116.2	103.6	114.4	124.9	102.5	115.3	125.5
8月	101.5	115.9	126.2	102	112	118.5	102	115.8	127.4	101.2	116.4	127.1
9月	102	118	128.7	102.6	114.4	121.6	101.9	118.3	129.8	101.8	118	129.4
10月	101.4	119.2	130.5	101.2	115.5	123.1	101.3	119.4	131.4	101.4	119.1	131.2
11月	100.7	118.6	131.4	100.6	115.3	123.9	100.4	118.4	132	100.8	118.5	132.2
12月	100.9	116.6	132.6	101.4	115.4	125.6	100.7	116	132.9	100.6	116.1	133

指数台账(2018年)

新建房144m²以上			二手房90m²及以下			二手房90-144m²			二手房144m²以上		
环比	同比	定基	环比	同比	定基	环比	同比	定基	环比	同比	定基
101.5	111.6	114	100.8	105.2	108.2	100.7	106.3	108.5	100.4	108.6	110.5
100.5	110.2	113.4	100.5	107.4	109.8	100.7	107	109.6	100	110	111.5
100.3	109.8	113.8	100.1	106.9	109.9	100.4	106.6	110	101	109.2	112.6
100.7	108.8	114.5	100.6	106.1	110.5	100	106.3	110	100.5	108.9	113.1
100.7	109.2	115.3	101.5	107.3	112.2	101.5	107.2	111.6	101.9	109.5	115.2
102.2	110.7	117.8	100.8	107.9	113.1	100.9	107.2	112.6	100.4	109.8	115.7
103.2	113.7	121.6	102.2	110	115.5	102.3	109.5	115.2	102.6	112	118.8
101.6	114.9	123.5	102.2	112.3	118.1	102	111	117.5	101.8	113.3	120.9
102.4	117.6	126.5	102.7	114.7	121.2	103	114	121	102	114.7	123.4
101.5	119.2	128.4	101	115.1	122.4	101.5	115.3	122.7	101.2	116.3	124.9
100.8	118.9	129.4	100.5	115.1	123	100.3	115.1	123.1	101.3	115.8	126.5
101.6	118.2	131.5	101.1	114.8	124.4	101.6	115.6	125	101.7	115.8	128.6

2-19 房地产价格

月份	新建商品住宅			二手住宅			新建房$90m^2$及以下			新建房$90-144m^2$		
	环比	同比	定基	环比	同比	定基	环比	同比	定基	环比	同比	定基
1月	100.6	115.7	133.4	100.4	115.1	126.1	99.9	114.4	132.7	100.9	115.5	134.2
2月	100.8	116.2	134.4	100.7	115.4	127.1	100.5	114.9	133.4	100.6	115.8	135.0
3月	100.8	116.2	135.5	100.3	115.3	127.5	101.2	114.8	135.0	101.0	116.0	136.4
4月	101.2	116.8	137.1	100.1	115.0	127.6	101.4	115.9	136.9	101.1	116.3	137.9
5月	100.7	116.5	138.1	100.8	114.1	128.6	100.5	116.0	137.6	100.7	115.6	138.9
6月	101.2	115.7	139.8	100.7	114.0	129.4	101.1	115.4	139.1	101.7	115.4	141.3
7月	101.0	113.5	141.2	100.5	112.0	130.1	101.2	112.8	140.8	100.9	113.5	142.5
8月	101.2	113.2	142.8	101.0	110.9	131.4	101.1	111.7	142.3	101.7	114.1	145.0
9月	101.3	112.3	144.6	100.8	108.9	132.4	100.7	110.5	143.4	101.3	113.6	146.9
10月	101.5	112.5	146.8	100.3	107.8	132.8	101.4	110.6	145.4	101.2	113.3	148.7
11月	100.6	112.4	147.7	100.6	107.8	133.5	101.6	111.9	147.8	100.1	112.5	148.8
12月	99.7	111.1	147.3	100.1	106.3	133.6	99.1	110.1	146.4	100.2	112.1	149.1

指数台账(2019年)

新建房144m²以上			二手房90m²及以下			二手房90-144m²			二手房144m²以上		
环比	同比	定基	环比	同比	定基	环比	同比	定基	环比	同比	定基
100.8	117.4	132.5	100.4	114.4	124.9	100.5	115.4	125.6	100.2	115.6	128.8
101.2	118.3	134.1	100.7	114.6	125.9	100.9	115.7	126.8	100.4	116.1	129.4
100.0	117.9	134.2	100.4	115.0	126.4	99.9	115.2	126.7	100.8	115.9	130.4
101.3	118.7	135.9	100.7	115.1	127.2	99.8	115.0	126.5	99.7	114.9	130.0
100.7	118.7	136.9	101.0	114.5	128.4	101.1	114.5	127.8	99.9	112.8	130.0
100.4	116.7	137.5	100.3	114.0	128.9	100.9	114.5	128.9	100.8	113.2	131.0
101.1	114.4	139.0	100.7	112.3	129.8	100.4	112.3	129.4	100.4	110.8	131.6
100.1	112.7	139.2	100.6	110.6	130.6	101.3	111.6	131.1	101.2	110.2	133.2
101.6	111.8	141.3	100.5	108.2	131.2	101.0	109.5	132.4	100.7	108.8	134.2
102.3	112.6	144.6	100.3	107.5	131.6	100.0	108.0	132.5	100.6	108.1	135.0
100.7	112.5	145.6	100.4	107.3	132.1	100.7	108.4	133.4	100.7	107.4	135.9
99.5	110.2	144.9	99.7	105.9	131.7	99.8	106.5	133.1	101.1	106.9	137.4

2-20 房地产价格

月份	新建商品住宅			二手住宅			新建房90m²及以下			新建房90-144m²		
	环比	同比	定基	环比	同比	定基	环比	同比	定基	环比	同比	定基
1月	100.0	110.5	147.4	99.8	105.7	133.4	100.0	110.3	146.3	100.2	111.4	149.4
2月	99.8	109.5	147.1	100.3	105.3	133.8	99.9	109.6	146.1	100.0	110.7	149.5
3月	100.0	108.6	147.2	100.5	105.5	134.5	100.6	108.9	147.0	99.6	109.1	148.9
4月	101.0	108.4	148.6	100.6	106.0	135.2	101.4	108.8	149.0	100.9	109.0	150.3
5月	100.6	108.3	149.5	100.3	105.5	135.6	100.1	108.3	149.1	100.9	109.1	151.6
6月	101.2	108.3	151.3	100.5	105.2	136.2	101.2	108.4	150.9	101.0	108.4	153.1
7月	100.3	107.5	151.8	100.0	104.8	136.3	100.3	107.4	151.2	100.4	107.9	153.8
8月	100.9	107.3	153.2	99.6	103.3	135.7	101.0	107.3	152.7	100.8	107.0	155.1
9月	100.2	106.1	153.5	100.6	103.1	136.5	99.8	106.3	152.3	100.3	105.9	155.6
10月	100.8	105.4	154.8	100.5	103.3	137.1	101.9	106.8	155.2	100.5	105.1	156.3
11月	100.2	105.0	155.1	100.2	102.9	137.4	99.9	105.0	155.1	100.1	105.1	156.4
12月	100.3	105.6	155.6	100.1	103.0	137.6	100.9	106.9	156.5	100.1	105.1	156.6

指数台账(2020年)

新建房144m²以上			二手房90m²及以下			二手房90-144m²			二手房144m²以上		
环比	同比	定基	环比	同比	定基	环比	同比	定基	环比	同比	定基
99.8	109.1	144.6	99.7	105.1	131.3	99.8	105.8	132.9	100.0	106.6	137.4
99.4	107.1	143.6	100.4	104.8	131.8	100.6	105.4	133.7	99.8	106.0	137.1
100.3	107.4	144.1	100.2	104.5	132.0	100.5	106.0	134.4	100.8	106.0	138.3
100.8	106.8	145.2	100.2	104.0	132.2	100.3	106.5	134.8	101.6	108.1	140.5
100.5	106.7	146.0	100.1	103.1	132.4	100.3	105.7	135.2	100.4	108.6	141.2
101.6	107.9	148.3	100.2	103.0	132.7	100.7	105.5	136.1	100.4	108.1	141.7
100.2	106.9	148.6	100.0	102.3	132.8	100.1	105.3	136.3	99.9	107.6	141.6
101.1	108.0	150.3	99.6	101.3	132.2	99.5	103.5	135.6	99.8	106.1	141.3
100.2	106.5	150.6	100.8	101.6	133.3	100.5	102.9	136.3	100.2	105.5	141.5
100.5	104.7	151.4	100.4	101.7	133.8	100.3	103.2	136.7	100.9	105.8	142.9
100.9	104.8	152.7	100.1	101.4	134.0	100.1	102.5	136.8	100.6	105.8	143.8
100.1	105.4	152.7	99.9	101.7	133.9	99.9	102.6	136.6	100.8	105.5	144.9

2-21 房地产价格

月份	新建商品住宅			二手住宅			新建房$90m^2$及以下			新建房$90-144m^2$		
	环比	同比	定基	环比	同比	定基	环比	同比	定基	环比	同比	定基
1月	100.4	105.6	103	100.8	103.9	102.1	100.7	107.7	104.4	100.3	105.1	102.6
2月	100.7	106.5	103.8	100.8	104.4	102.9	100.6	108.5	105	100.7	105.9	103.4
3月	100.8	107.5	104.6	100.3	104.2	103.2	100.7	108.7	105.8	100.8	107.2	104.3
4月	101	107.5	105.6	100.5	104.2	103.7	101.2	108.5	107.1	101	107.3	105.4
5月	100	106.8	105.7	100.2	104.1	104	99.9	108.3	106.9	100	106.4	105.4
6月	99.2	104.7	104.8	99.4	103.1	103.4	99.5	106.4	106.4	99.1	104.4	104.5
7月	99.5	103.8	104.2	99.6	102.6	103	99.5	105.6	105.8	99.5	103.4	103.9
8月	99.6	102.4	103.8	99.4	102.4	102.4	99.6	104.3	105.5	99.5	102	103.4
9月	99.3	101.5	103.1	99.5	101.3	101.9	99.5	104	104.9	99.2	100.9	102.5
10月	99.2	100	102.2	99.7	100.6	101.6	99	100.9	103.8	99.1	99.5	101.6
11月	100	99.8	102.2	99.7	100.1	101.2	100	101	103.8	100.1	99.5	101.7
12月	99.8	99.4	102	100.5	100.5	101.8	99.2	99.3	102.9	99.9	99.3	101.6

指数台账(2021年)

新建房144m^2以上			二手房90m^2及以下			二手房90-144m^2			二手房144m^2以上		
环比	同比	定基	环比	同比	定基	环比	同比	定基	环比	同比	定基
100.5	106.1	103.6	100.9	102.9	101.8	100.7	103.6	101.6	100.6	106.1	103.4
100.8	107.7	104.4	100.7	103.3	102.6	101	104	102.6	100.7	107.1	104.1
100.5	107.9	104.9	100.4	103.5	103	100.2	103.6	102.8	100.4	106.6	104.6
100.7	107.8	105.7	100.1	103.4	103	100.7	104	103.5	100.8	105.8	105.5
100.2	107.5	105.9	100.7	103.9	103.7	100.1	103.8	103.5	99.7	105	105.2
99.2	104.9	105	99.3	103	103	99.7	102.8	103.2	99.2	103.9	104.3
99.4	104.1	104.4	99.8	102.7	102.8	99.7	102.3	102.9	99.2	103.1	103.5
99.7	102.6	104.1	99.4	102.5	102.1	99.9	102.7	102.8	98.5	101.7	101.9
99.8	102.2	103.9	99.4	101	101.5	99.9	102.1	102.8	98.9	100.4	100.8
99.6	101.3	103.5	99.6	100.3	101.1	99.5	101.3	102.3	100.2	99.7	101
99.7	100.1	103.2	99.9	100.1	101.1	99.4	100.7	101.7	99.9	98.9	100.8
99.7	99.8	102.9	100.6	100.8	101.7	100.2	101	101.9	100.9	99	101.8

主要统计指标解释

居民消费价格指数 是反映一定时期内城乡居民所购买生活消费品和服务项目的价格水平变动趋势和程度的相对数，居民消费价格水平的变动在一定程度上反映了通货膨胀（或紧缩）的程度。通过该指数可以观察和分析消费品的零售价格和服务项目价格变动对城乡居民生活的影响程度。满足各级政府制定政策和计划、进行宏观调控的需要，以及为国民经济核算提供参考依据。

城市居民消费价格指数 是反映一定时期内城市居民家庭所购买的生活消费品价格和服务项目价格变动趋势和程度的相对数。通过该指数可以观察和分析消费品的零售价格和服务项目价格变动对城镇居民收入和消费支出的影响。

农村居民消费价格指数 是反映一定时期内农村居民家庭所购买的生活消费品价格和服务项目价格变动趋势和程度的相对数。该指数可以观察农村消费品的零售价格和服务项目价格变动对农村居民收入和生活消费支出的影响。

商品零售价格指数 是反映一定时期内城乡商品零售价格变动趋势和程度的相对数。商品零售价格的变动与国家的财政收入、市场供需的平衡、消费与积累的比例关系有关。因此，该指数可以从一个侧面对上述经济活动进行观察和分析。

工业生产者出厂价格指数 是反映一定时期内全部工业产品出厂价格总水平的变动趋势和程度的相对数，包括工业企业售给本企业以外所有单位的各种产品和直接售给居民用于生活消费的产品。该指数可以观察出厂价格变动对工业总产值及增加值的影响。

工业生产者购进价格指数 是反映工业企业作为生产投入，而从物资交易市场和能源、原材料生产企业购买原材料、燃料和动力产品时，所支付的价格水平变动趋势和程度的统计指标，是扣除工业企业物质消耗成本中的价格变动影响的重要依据。

目前，我国编制的工业生产者购进价格指数所调查的产品包括燃料动力、黑色金属、有色金属、化工、建材等九大类。

三 农业调查

简要说明

一、本篇资料的主要内容及统计范围

本篇资料反映农业生产和农村经济的基本情况，内容方面主要包括农村粮食生产情况、畜牧业生产等方面的统计资料。

二、本篇的资料来源及统计调查方法

农业调查是由国家统计局组织实施，国家统计局昆明调查队及抽中县调查队、统计局依据国家统计局统一制定的调查方案收集资料，昆明调查队督导各县（市、区）统计局逐级审核。

1.昆明市抽中调查点粮食产量数据，由昆明调查队督导各抽样调查产粮大县审核、汇总、上报云南调查总队汇总整理，并由云南调查总队上报国家统计局农村司。省级粮食数据以国家反馈的数据为准，国家实行以省为总体的抽样调查，从抽样调查点取得各季农作物播种面积、实测产量等各项资料。各类农作物的播种面积和产量，包括全社会的数据，即包括调查季节的国有、集体单位及各种经济和个人经营的农作物。

2.畜牧业的猪、牛、羊和家禽等主要畜禽监测抽样调查属于国家统计调查，是国家统计局云南调查总队按照国家统计局《农林牧渔业统计调查制度》对全省各州（市），县（市、区）调查队、以及有关生猪调出大县统计局报送统计调查资料的要求。昆明调查队督导各县（市、区）统计局完成畜牧业统计调查。主要畜禽抽样实行分季定产，四个季度之和即为年度数据；生猪调出大县实行月度调查与季度调查相结合，主要数据实行月度调查，目前昆明市有生猪调出大县 2 个，即宜良县、寻甸县。

3.根据第三次全国农业普查数据，国家统计局对 2007-2017 年的主要粮食作物种植面积、产量及 2013-2017 年畜禽产量进行了重新核定，本年鉴中采用的是国家统计局反馈的法定核定数据。

3-1 粮食生产情况(2009-2021年)

年 份	全年粮食		
	播种面积(公顷)	总产量(吨)	公顷产量(吨)
2009	255890.7	1099860.0	4.3
2010	259234.7	1023230.0	3.9
2011	247070.0	1061884.0	4.3
2012	254151.3	1060650.0	4.2
2013	244630.7	1075510.0	4.4
2014	237910.7	1073440.0	4.5
2015	233476.0	1049277.5	4.5
2016	234163.6	1043721.8	4.5
2017	226628.5	1001197.7	4.4
2018	224777.7	997121.8	4.4
2019	233270.0	1022033.0	4.4
2020	233354.0	1036452.0	4.4
2021	233948.5	1040243.1	4.4

注：以上数据均来源于《昆明统计年鉴》。

3-2 主要粮食品种生产情况(2009-2021年)

年 份	稻谷			玉米			小麦		
	播种面积(公顷)	总产量(吨)	公顷产量(吨)	播种面积(公顷)	总产量(吨)	公顷产量(吨)	播种面积(公顷)	总产量(吨)	公顷产量(吨)
2009	50566.00	382700.0	7.6	70095.30	374450.0	5.3	36037.30	80580.0	2.2
2010	43430.70	333770.0	7.7	82529.30	456320.0	5.5	37917.30	23240.0	0.6
2011	42586.00	321670.0	7.6	78841.30	387430.0	4.9	36178.70	100110.0	2.8
2012	36238.00	258160.0	7.1	94774.70	506410.0	5.3	36224.70	65610.0	1.8
2013	36222.00	245340.0	6.8	90140.00	537240.0	6.0	33438.00	57290.0	1.7
2014	30816.70	210380.0	6.8	94168.70	576890.0	6.1	31586.70	66550.0	2.1
2015	28511.30	194080.0	6.8	95110.70	565747.5	5.9	31884.70	77080.0	2.4
2016	27040.50	180216.8	6.7	96377.20	580805.0	6.0	31526.00	73900.0	2.3
2017	25669.30	170106.7	6.6	91791.20	552101.0	6.0	31378.00	73290.0	2.3
2018	18244.40	132299.1	7.3	80448.90	495329.2	6.2	25658.40	64326.9	2.5
2019	15205.00	114214.0	7.5	83026.00	515708.0	6.2	26907.00	68917.0	2.6
2020	14558.80	105148.1	7.2	85758.70	535652.1	6.2	23682.70	61195.5	2.6
2021	11523.7	85548.3	7.4	90951.1	567454.8	6.2	24819.9	63104.4	2.5

3-2 续表

年份	薯类			豆类		
	播种面积（公顷）	总产量（吨）	公顷产量（吨）	播种面积（公顷）	总产量（吨）	公顷产量（吨）
2009	34904.7	131530.0	3.8	43202.0	89490.0	2.1
2010	34128.0	127880.0	3.7	40428.0	60620.0	1.5
2011	33901.3	122620.0	3.6	38988.7	97654.0	2.5
2012	36998.0	124990.0	3.4	35826.0	78840.0	2.2
2013	34607.3	129590.0	3.7	34976.7	80440.0	2.3
2014	33861.3	107550.0	3.2	34308.0	81640.0	2.4
2015	33156.7	108050.0	3.3	33400.0	78310.0	2.3
2016	30736.7	97710.0	3.2	33090.7	79580.0	2.4
2017	31096.0	99170.0	3.2	31862.0	78730.0	2.5
2018	34400.8	166456.1	4.8	38868.9	80494.0	2.1
2019	37460.0	174409.2	4.7	38571.0	81503.0	2.1
2020	37524.4	178598.9	4.8	39319.4	87522.5	2.2
2021	37003.5	174360.4	4.7	38462.9	84132.2	2.2

3-3 主要畜禽生产

指 标	单位	2009	2010	2011	2012	2013
年内出栏数						
生猪	(头)	3519790.0	3712464.0	3861950.0	4145779.0	1867493.5
牛	(头)	238818.0	259520.0	269461.0	280479.0	176413.5
羊	(只)	703620.0	783066.0	800512.0	836981.0	808360.6
家禽	(只)				70751645.0	42690690.9
年末存栏数						
生猪	(头)	2248200.0	2358105.0	2428897.0	2581221.0	1524399.6
#能繁母猪	(万头)					171675.5
牛	(头)	561068.0	587452.0	591959.0	608886.0	393236.1
羊	(只)	1212965.0	1244048.0	1282729.0	1343808.0	1029036.9
家禽	(只)				28575750.0	18135183.7
肉类总产量	(吨)	431002.0	476893.2	502859.6	553380.3	266364.4
猪肉	(吨)	307303.0	329368.1	346998.0	373706.0	164646.8
牛肉	(吨)	28290.0	30886.7	31476.2	34132.0	18062.0
羊肉	(吨)	14898.0	16874.8	16903.9	17958.7	13541.9
禽肉	(吨)	79069.0	98435.7	106422.0	126282.0	68912.6
其他肉类	(吨)	1199.0	1007.3	787.7	1075.4	1201.0
牛奶产量	(吨)	108200.0	112918.4	113488.5	120110.8	79332.0
禽蛋产量	(吨)	70731.0	78293.0	75393.4	82154.2	38939.3

情况(2009-2021年)

2014	2015	2016	2017	2018	2019	2020	2021
1986360.9	1982199.3	1962067.2	1974240.1	2084512.0	2030471.0	1782600.0	2051900.0
186577.1	183360.2	193451.0	198216.5	211469.0	232158.0	215100.0	220200.0
843882.8	899079.8	925191.6	927819.0	1161156.0	915681.0	1003700.0	1039100.0
43900242.6	45408795.8	46712152.0	46892358.6	49007158.0	52980238.0	70793800.0	63889700.0
1519899.8	1518249.8	1513700.0	1514550.0	1601855.0	1415369.0	1452000.0	1507500.0
169924.7	161458.3	158818.8	149456.0	163763.0	155705.0	119200.0	135800.0
412774.0	407755.5	421751.0	423107.6	438953.0	435708.0	428900.0	434800.0
1142806.0	1219992.8	1195668.5	1212682.4	1236856.0	1171408.0	1218900.0	1224700.0
19359087.9	19150677.5	18637385.9	18686098.2	20623008.0	24253616.0	26863100.0	25857700.0
292058.9	281359.8	276472.7	280440.9	296420.7	308486.0	304600.0	339700.0
178016.7	177803.6	168695.1	170559.4	179945.3	174010.0	146600.0	185200.0
20905.3	18266.1	19333.3	19662.9	21291.5	28777.0	23400.0	26000.0
15417.4	14483.5	14837.2	15172.5	16144.9	17107.0	16900.0	17300.0
75893.5	70333.1	73135.2	74843.9	78871.9	88230.0	117700.0	111200.0
1826.1	473.5	471.9	202.1	167.1	362.0		
79483.2	85455.1	99699.7	116399.7	109483.8	105745.0	141100.0	163900.0
35316.7	38321.5	39316.1	40797.2	43634.8	54444.0	57500.0	57600.0

3-4 云南省生猪调出大县分县资料(2012-2021年)

项目	2012	2013	2014	2015	2016	2017	2018	2019	2020	2021
生猪出栏量（万头）	1815.1	1782.4	1886.0	1874.3	1864.5	1868.4	1892.1			
宜良县	46.0	47.4	55.1	46.8	48.7	49.0	48.1	45.8	42.0	38.8
寻甸县	50.5	60.6	62.4	64.0	65.9	66.3	65.0	50.6	43.1	58.0
麒麟区	77.0	78.8	83.7	83.9	82.8	83.3	85.0			
陆良县	114.9	116.2	120.9	122.6	125.1	125.9	128.9			
师宗县	51.9	54.7	58.4	58.2	57.0	57.4	58.1			
罗平县	79.2	68.4	73.7	73.0	70.5	70.9	71.2			
富源县	108.1	110.3	115.4	119.0	115.8	116.5	119.9			
会泽县	140.5	137.6	147.8	144.6	144.7	145.6	145.5			
沾益县	82.2	94.8	101.1	100.4	99.5	100.1	100.2			
宣威市	245.6	233.3	247.5	247.5	245.9	247.4	245.1			
隆阳区	92.2	83.3	88.6	88.4	87.5	88.1	89.8			
腾冲市	65.4	68.0	72.3	72.2	71.4	71.9	73.8			
昌宁县	48.9	62.6	66.6	66.5	65.8	66.2	66.9			
昭阳区	48.8	56.1	55.0	48.4	50.0	50.8	46.4			
镇雄县	72.0	84.2	84.2	89.8	93.5	94.1	90.3			
禄丰县	53.7	46.3	48.7	50.1	49.6	49.7	52.6			
蒙自市	39.4	40.9	42.7	42.7	41.7	42.1	46.3			
建水县	86.5	63.9	65.3	64.4	62.5	62.8	69.0			
石屏县	51.7	44.7	45.5	45.6	44.8	45.6	49.7			
弥勒市	49.8	44.5	62.9	61.8	58.6	59.6	62.7			
泸西县	44.1	49.8	44.3	42.6	43.7	43.9	45.9			
丘北县	54.4	47.6	50.6	50.5	50.0	50.3	52.2			
广南县	68.6	48.8	51.4	51.3	51.9	51.1	51.0			
大理市	43.8	39.7	41.8	40.2	37.5	29.7	28.7			

注：以上数据为国家统计局核定的生猪调出大县分县数据，其中2008年以后数据为主要畜禽监测抽样调查的国家反馈衔接核定数，另外14个大县为后确定的调出大县,国家核定数从2010年开始。2012年数据为国家重新调整核定数。

3-4 续表 1

项　　目	2012	2013	2014	2015	2016	2017	2018	2019	2020	2021
猪肉产量（万吨）	153.3	153.8	166.4	165.4	157.5	155.6	158.4			
宜良县	3.8	4.2	4.8	4.3	4.2	4.2	4.2	3.9	3.6	3.1
寻甸县	4.2	5.1	5.4	5.6	5.4	5.4	5.3	4.3	3.7	5.0
麒麟区	6.2	6.7	7.2	7.3	6.9	7.0	7.1			
陆良县	10.0	9.9	10.6	10.7	10.4	10.5	10.8			
师宗县	4.3	4.7	5.1	5.1	4.8	4.8	4.9			
罗平县	6.5	5.8	6.4	6.3	5.9	5.9	6.0			
富源县	10.3	10.2	11.0	11.1	10.3	10.4	10.8			
会泽县	12.1	11.8	12.9	12.6	12.1	12.2	12.2			
沾益县	6.5	8.0	8.4	8.7	8.3	8.4	8.4			
宣威市	22.3	20.4	22.3	22.0	20.9	21.1	21.0			
隆阳区	7.4	7.9	8.5	8.5	8.1	8.2	8.3			
腾冲市	5.4	6.2	6.7	6.7	6.3	6.4	6.6			
昌宁县	4.0	5.7	6.1	6.1	5.8	5.9	6.0			
昭阳区	4.0	3.7	4.0	4.0	3.7	3.5	3.2			
镇雄县	6.1	6.3	6.9	6.7	6.7	6.5	6.2			
禄丰县	4.4	4.1	4.4	4.6	4.3	4.4	4.6			
蒙自市	3.2	3.6	3.8	3.8	3.6	2.9	3.3			
建水县	6.9	5.6	5.9	5.8	5.4	4.6	5.0			
石屏县	4.3	3.9	4.1	4.1	3.9	3.8	4.1			
弥勒市	4.2	3.9	5.7	5.6	5.1	4.6	5.0			
泸西县	3.6	4.4	4.0	3.8	3.8	3.6	3.8			
丘北县	4.5	4.2	4.5	4.5	4.3	4.3	4.5			
广南县	5.6	4.2	4.5	4.5	4.3	4.3	4.3			
大理市	3.6	3.2	3.5	3.3	3.5	2.8	2.7			

3-4 续表 2

项 目	2012	2013	2014	2015	2016	2017	2018	2019	2020	2021
生猪年末存栏数(万头)	1240.6	1371.4	1369.6	1360.6	1356.4	1360.1	1370.6			
宜良县	32.6	37.4	38.3	35.8	37.7	37.7	37.0	31.4	27.7	26.9
寻甸县	36.9	46.4	45.3	46.0	47.2	47.2	45.0	40.1	43.6	46.4
麒麟区	42.4	56.3	57.1	56.4	55.3	55.3	56.2			
陆良县	75.5	88.1	88.7	88.1	90.1	90.2	91.9			
师宗县	32.9	45.9	46.7	46.7	45.4	45.5	46.0			
罗平县	52.8	62.7	63.4	63.5	61.8	61.8	61.2			
富源县	63.9	74.3	74.9	74.8	72.5	72.5	74.2			
会泽县	82.8	101.3	101.8	100.3	100.7	100.7	99.8			
沾益县	48.6	67.6	68.2	66.7	67.4	67.5	66.9			
宣威市	148.5	145.7	146.0	142.6	145.1	145.2	142.9			
隆阳区	73.0	74.7	74.5	74.4	74.2	74.3	76.1			
腾冲市	49.7	59.0	58.8	58.8	58.6	58.6	60.9			
昌宁县	41.9	59.5	59.3	59.2	59.0	59.1	60.3			
昭阳区	40.7	42.7	41.5	41.9	41.9	42.8	39.1			
镇雄县	51.2	68.9	66.7	68.7	70.6	70.6	66.7			
禄丰县	42.8	41.1	41.7	42.2	42.5	43.6	45.8			
蒙自市	31.7	31.2	30.5	30.6	31.9	34.1	37.3			
建水县	51.7	41.6	40.4	40.7	39.3	43.1	47.3			
石屏县	39.6	38.6	37.0	36.0	36.0	34.2	37.5			
弥勒市	39.0	43.4	42.6	43.1	42.9	43.9	46.7			
泸西县	35.9	31.8	33.3	32.9	32.5	33.2	34.8			
丘北县	41.1	42.3	42.2	42.1	42.0	42.0	42.4			
广南县	52.5	43.2	43.1	43.1	43.0	43.0	41.2			
大理市	33.0	27.7	27.8	26.1	18.9	14.1	13.6			

3-4 续表 3

项目	2012	2013	2014	2015	2016	2017	2018	2019	2020	2021
能繁母猪存栏数(万头)	138.2	153.2	151.9	144.6	141.0	132.1	135.1			
宜良县	3.6	3.7	3.8	3.3	3.6	3.4	3.4	3.0	2.6	2.4
寻甸县	4.7	5.2	5.1	4.7	4.9	4.6	4.6	4.8	5.1	5.4
麒麟区	4.6	6.3	6.5	5.8	5.7	5.3	5.5			
陆良县	8.2	11.3	10.5	10.8	10.9	10.2	10.6			
师宗县	4.7	6.0	5.7	5.9	5.6	5.3	5.4			
罗平县	6.0	7.1	7.1	6.7	6.4	6.1	6.1			
富源县	7.7	9.7	9.6	9.2	8.8	8.3	8.4			
会泽县	10.2	14.0	14.5	13.0	12.8	12.0	12.1			
沾益县	5.0	6.4	6.1	6.1	6.2	5.8	5.9			
宣威市	13.1	15.4	15.3	14.3	14.4	13.5	13.6			
隆阳区	8.8	7.5	7.4	7.1	7.0	6.5	6.7			
腾冲市	4.8	7.1	7.0	6.6	6.5	6.1	6.4			
昌宁县	4.4	5.1	5.0	4.8	4.7	4.4	4.8			
昭阳区	4.7	4.1	4.1	3.8	3.6	3.3	3.2			
镇雄县	5.8	5.9	6.0	6.1	6.2	5.7	5.7			
禄丰县	4.7	5.2	5.2	5.0	5.0	4.8	4.9			
蒙自市	3.4	4.9	4.6	4.3	4.5	3.9	4.3			
建水县	5.0	3.7	4.2	4.3	3.9	3.8	4.1			
石屏县	5.0	3.8	3.9	3.8	3.7	3.7	4.0			
弥勒市	4.5	4.3	4.3	3.9	3.7	3.4	3.5			
泸西县	3.9	3.9	3.5	3.5	3.4	3.2	3.3			
丘北县	4.9	4.3	4.3	4.1	4.0	3.8	3.8			
广南县	6.7	4.4	4.4	4.2	4.1	3.9	3.9			
大理市	3.9	3.9	3.8	3.5	1.6	1.0	1.1			

主要统计指标解释

粮食产量 指全社会的产量。包括国有经济经营的、集体统一经营的和农民家庭经营的粮食产量，还包括工矿企业办的农场和其他生产单位的产量。粮食除包括稻谷、小麦、玉米、高粱、谷子及其他杂粮外，还包括薯类和豆类。其产量计算方法，豆类按去豆荚后的干豆计算；薯类(包括甘薯和马铃薯，不包括芋头和木薯)1963年以前按每4公斤鲜薯折1公斤粮食计算，从1964年开始改为按5公斤鲜薯折1公斤粮食计算。城市郊区作为蔬菜的薯类(如马铃薯等)按鲜品计算，并且不作粮食统计。其他粮食一律按脱粒后的原粮计算。1989年以前全国粮食产量数据主要靠全面报表取得，1989年开始使用抽样调查数据。

农作物播种面积 指实际播种或移植农作物的面积。凡是实际种植有农作物的面积，不论种植在耕地上还是种植在非耕地上，均包括在农作物播种面积中。在播种季节基本结束后，因遭灾而重新改种和补种的农作物面积，也包括在内。目前，农作物播种面积主要包括粮食、油料、棉花、麻类、糖料、烟叶、药材、蔬菜、瓜类和其他农作物等十大类。

猪、牛、羊肉产量 指当年出栏并已屠宰、除去头蹄下水后带骨肉(即胴体重)的重量。包括全社会范围内的产量。1996年以前为全面统计并逐级上报数据。1996年第一次农业普查以后，根据普查结果，对畜牧业主要年报数据进行了修正。1999年以后，国家统计局在部分地区开展了猪、牛、羊、禽等主要畜禽品种的抽样调查，并用抽样数据作为国家定案数据使用。未开展抽样调查的地区和品种，仍使用各级统计部门逐级上报数据。2007年，根据第二次农业普查结果，对2000-2006年畜牧业主要年报数据进行了修正。2008年，建立了主要畜禽监测调查制度，猪、牛、羊、禽等主要畜禽数据均以抽样调查数为法定数据。

期初(末)畜禽存栏头(只)数 指报告期初(末)农村各种合作经济组织和国营农场、农民个人、机关、团体、学校、工矿企业、部队等单位以及城镇居民饲养的大牲畜、猪、羊、家禽等畜禽的存栏数。数据上报方式及数据调整情况同猪、牛、羊肉产量。

四 附 录

附录4-1　云南省及各州(市)全体居民人均可支配收入(2020-2021年)

地　区	单位	2020	2021
全　省	**元**	**23295**	**25666**
昆明市	元	38762	42533
曲靖市	元	25190	27911
玉溪市	元	28483	31392
保山市	元	20555	22616
昭通市	元	16841	18615
丽江市	元	20898	23125
普洱市	元	20047	22110
临沧市	元	19267	21291
楚雄州	元	22883	25472
红河州	元	23613	26026
文山州	元	19850	21883
西双版纳州	元	22960	25313
大理州	元	23856	26160
德宏州	元	20656	20819
怒江州	元	13178	14439
迪庆州	元	18659	20846

附录4-2 云南省及各州(市)城镇常住居民人均可支配收入(2014-2021年)

地 区	单位	2014	2015	2016	2017	2018	2019	2020	2021
全 省	**元**	**24299**	**26373**	**28611**	**30996**	**33488**	**36238**	**37500**	**40905**
昆明市	元	31295	33955	36739	39788	42988	46289	48018	52523
曲靖市	元	25023	27100	29485	31932	34423	37314	38657	42498
玉溪市	元	27223	29631	32177	34880	37650	40700	42125	46001
保山市	元	23638	25647	27801	30164	32636	35351	36433	39729
昭通市	元	20030	21773	23645	25560	27632	29930	31007	33830
丽江市	元	23752	25803	28099	30403	32903	35667	37022	40391
普洱市	元	21058	22830	24795	26853	29088	31456	32658	35664
临沧市	元	19526	21225	23072	25056	27161	29524	30794	33720
楚雄州	元	24531	26763	29200	31653	34154	36868	38285	42152
红河州	元	23877	26002	28342	30808	33396	36181	37500	40930
文山州	元	21872	23753	25778	27995	30242	32630	33709	36810
西双版纳州	元	21478	23304	25233	27201	29323	31903	33147	36242
大理州	元	24868	27081	29371	31779	34298	36982	38435	41740
德宏州	元	21303	23010	24943	27013	29093	31479	32770	32836
怒江州	元	17266	19010	20721	22648	24558	26650	27506	29639
迪庆州	元	25020	27097	29439	31853	34411	37305	38547	42402

附录4-3 云南省及各州(市)农村常住居民人均可支配收入(2014-2021年)

地 区	单位	2014	2015	2016	2017	2018	2019	2020	2021
全 省	**元**	**7456**	**8242**	**9020**	**9862**	**10768**	**11902**	**12842**	**14197**
昆明市	元	10366	11444	12555	13698	14895	16356	17719	19507
曲靖市	元	8514	9451	10380	11345	12394	13697	14793	16422
玉溪市	元	9969	10977	11968	13057	14264	15719	16835	18670
保山市	元	7626	8572	9426	10321	11280	12499	13426	14754
昭通市	元	6497	7212	7951	8675	9474	10555	11283	12500
丽江市	元	7183	7924	8750	9520	10385	11475	12370	13795
普洱市	元	7096	7914	8669	9484	10386	11502	12366	13682
临沧市	元	7199	8063	8914	9814	10756	11907	12824	14196
楚雄州	元	7570	8327	9181	10044	10988	12015	12861	14392
红河州	元	7726	8599	9449	10356	11330	12570	13580	15039
文山州	元	6998	7699	8403	9184	10030	11133	12001	13249
西双版纳州	元	9155	10080	11049	12043	13079	14478	15463	17108
大理州	元	7933	8766	9612	10525	11490	12665	13645	15023
德宏州	元	7152	7917	8659	9464	10325	11409	12356	12418
怒江州	元	4297	4791	5299	5871	6449	7165	7810	8602
迪庆州	元	5865	6487	7088	7776	8524	9446	10088	11339

附录4-4 云南省及各州(市)居民人均消费支出(2021年)

地 区	单位	全体居民	城镇居民(U+UR)	农村居民(R)
全 省	**元**	**18851**	**27441**	**12386**
昆明市	元	33556	41444	15376
曲靖市	元	19435	25639	14549
玉溪市	元	23297	30869	16704
保山市	元	16267	24615	12432
昭通市	元	15030	21712	12345
丽江市	元	17369	26191	12602
普洱市	元	16827	24204	12240
临沧市	元	15807	22840	11792
楚雄州	元	19610	30486	12386
红河州	元	16740	24313	11157
文山州	元	13977	20710	10082
西双版纳州	元	20579	25812	16650
大理州	元	21006	31153	13753
德宏州	元	14326	20046	10328
怒江州	元	11109	18485	8277
迪庆州	元	17086	30357	11233